HEIDELBERGER SILVESTERGESPRÄCHE
Band 6

Wendezeiten und Zäsuren

in Wissenschaften, Künsten, Politik und Gesellschaft

Herausgegeben und eingeleitet von
HERMES ANDREAS KICK

Universitätsverlag
WINTER
Heidelberg

Bibliografische Information der Deutschen Nationalbibliothek
Die Deutsche Nationalbibliothek verzeichnet diese Publikation
in der Deutschen Nationalbibliografie;
detaillierte bibliografische Daten sind im Internet
über *http://dnb.d-nb.de* abrufbar.

Herausgegeben im Auftrag des Interdisziplinären Arbeitskreises
des IEPG, Mannheim und in Kooperation mit der Alma Mater
der Europäischen Akademie der Wissenschaften und Künste

UMSCHLAGBILD:

Salute. Paris 2010 von Rainer G. Mordmüller

In: Raum und Figur. Figur im Raum. Gerhard-Marcks-Stiftung. Bremen 2022.

Studium in Berlin und Paris, École des Beaux-Arts. Zahlreiche Einzelausstellungen (u. a. in Venedig, Berlin, Paris, Hamburg).

Arbeiten in öffentlichen Sammlungen, u. a. Albertina Wien; Tate Gallery London; Bibliothèque Nationale Paris.

Rainer G. Mordmüller lebt und arbeitet in Bremen und Paris.

„Meine Auseinandersetzung versucht eine Interpretation, ein Gegenwärtigmachen eines Kunstwerkes, weil ich der Auffassung bin, dass es Werke gibt, die Grundlage unserer Kultur, ja unseres Daseins bedeuten und dass wir aufgefordert sind, uns mit ihnen auseinander zu setzten, wenn wir Erlebnis von Existenz empfinden wollen."
(R. G. M.)

ISBN 978-3-8253-9637-4

Dieses Werk einschließlich aller seiner Teile ist urheberrechtlich geschützt.
Jede Verwertung außerhalb der engen Grenzen des Urheberrechtsgesetzes
ist ohne Zustimmung des Verlages unzulässig und strafbar. Das gilt insbesondere für Vervielfältigungen, Übersetzungen, Mikroverfilmungen und
die Einspeicherung und Verarbeitung in elektronischen Systemen.

© 2025 Universitätsverlag Winter GmbH Heidelberg
Imprimé en Allemagne · Printed in Germany
Umschlaggestaltung: Klaus Brecht GmbH, Heidelberg
Druck: Memminger MedienCentrum, 87700 Memmingen

Gedruckt auf umweltfreundlichem, chlorfrei gebleichtem
und alterungsbeständigem Papier

Den Verlag erreichen Sie unter:
Universitätsverlag Winter GmbH Heidelberg
Postfach 10 61 40, D-69051 Heidelberg
www.winter-verlag.de
gpsr@winter-verlag.de

Inhalt

Hermes Andreas Kick *7*
Begrüßung und Hinführung zum Thema. Wendezeiten und Zäsuren in Wissenschaften, Künsten, Politik und Gesellschaft

Violeta Dinescu *11*
Gehäuse – Grenzsituation

Rudolf Kamp *27*
Zum Geburtstag der Zeit – Wendung und Wandlung

Ernst Peter Fischer *33*
Revolutionen machen die Runde. Ein gern gebrauchter Begriff: Zäsuren in neuer Deutung

Ulrich Duchrow *47*
"Den Schmerz der Anderen begreifen" – Kann es eine Wende zum Besseren in Palästina-Israel geben?

Ulrich Kronauer *53*
Das Erdbeben von Lissabon erschüttert die Aufklärung – Katastrophen als Zäsur damals und heute

Hermes Andreas Kick *57*
Zäsur als Trauma. Anstoß zu Wendung und Wandlung

Bernhard Kretschmer *65*
Sanktionierung des Schwangerschaftsabbruchs: Geschichte,
Wendezeiten und Grundsatzfragen

Elke Lang-Becker *81*
Wendezeiten und Zäsuren in der Musikgeschichte: „...*alles hätte auch anders kommen können...*"

Walter von Lucadou *91*
Ist der Transhumanismus eine brauchbare Utopie?

Martin Weyers *101*
Der romantische Geist der Frühmoderne: Kunst und Wissenschaft heute und im beginnenden 20. Jahrhundert

Hartmann Römer *113*
Absichtsloses Wirken durch *Ge-lassen-heit*: Verhalten in Wandel und Krise

Paul Imhof *127*
Jenseits der Zeiten. Im Festkreis der himmlischen Ewigkeit.
Zäsur und Transzendenz

Hermes Andreas Kick *139*
Ausklang und darüber hinaus

Die Autoren...*141*

Hermes Andreas Kick

Begrüßung und Hinführung zum Thema
Wendezeiten und Zäsuren in Wissenschaften, Künsten, Politik und Gesellschaft

Verehrter Freundeskreis, sehr geehrte Damen und Herren, seien Sie ganz herzlich willkommen geheißen in der uns vertraut gewordenen Karl Jaspers Bibliothek im Klinikum der Universität Heidelberg. Es ist der Ort, an dem Karl Jaspers seine frühen klinisch-psychiatrischen Forschungsarbeiten getätigt und publiziert hat. Hier erfolgte sein Schritt von der klinisch-ärztlichen Tätigkeit hin zur Philosophie. Die erkennbare biografische Zäsur findet ihren wissenschaftlichen Ausdruck mit dem 1919 erschienenen Werk „Philosophie der Weltanschauungen"[1]. Dieses Werk wurde von Anfang an seitens der führenden Philosophen stark beachtet und auch kritisiert, so von Max Scheler und Martin Heidegger[2]. Es mag dies an dem „schwebenden Charakter" zwischen Psychologie und Metaphysik gelegen haben[3]. Karl Japsers hat dies nie bestritten, sondern das Werk später selbst so eingeordnet. Beim Thema der diesjährigen Heidelberger Silvestergespräche „Wendezeiten und Zäsuren in Wissenschaften, Künsten, Politik und Gesellschaft" geht es natürlich in erster Linie um Erfassung der zeitgeschichtlichen Brüche, mit denen wir uns konfrontiert sehen, als zuweilen rätselhafte, schwer deutbare Abbrüche von Kontinuitäten. Zu hoffen ist, dass durch unsere gemeinsame Arbeit und unseren Austausch kreative Ansätze und innovative Chancen sichtbar werden, wie mit ihnen umzugehen ist, um den Übergang zu bewältigen hin zu

---

[1] Jaspers, K: Psychologie der Weltanschauungen (1919). München 1985.
[2] Heidegger, M.: Anmerkungen zu Karl Jaspers „Psychologie der Weltanschauungen". 1919. In Wegmarken. Frankfurt a.M. 1978, S. 1.
[3] Wiehl, R.: Karl Jaspers` Psychologie der Weltanschauungen-Zwischen Metaphysik und Erfahrung (1919). Florenz 1998, S. 96.

wahrhaften Wendezeiten. Zäsuren haben ihre je eigene Form, ihre Gründe und Hintergründe, die es zu erkennen gilt. Mit der nüchternen Erfassung der Zäsuren beginnt die Herausforderung kreativ zu werden, wie mit diesem umzugehen ist und wie eine Überbrückung, ein Darüber-Hinaus jedenfalls gestaltet werden kann. Persönliche wie gesellschaftliche Zäsuren wollen wahrgenommen werden, sollen Impulse zur weiteren Auseinandersetzung geben, dürfen Staunen und Zweifel hervorrufen, können in die Angst der Grenzsituationen führen. Zäsuren als „Einschnitte" schmerzen und irritieren, fordern dazu heraus, nach innovativen Lösungen zu suchen. Dies gilt persönlich und im gesellschaftlichen Raum. Das gilt für die Wissenschaft und für die Kunst, ganz gewiss für die Musik und für das Komponieren: Violeta Dinescu wird uns mit Mirjana Petercol in das aus Anlass und für unsere Silvestergespräche geschaffene Werk, man möchte sagen, mit hereinnehmen. Das zur Uraufführung gelangende Werk „Gehäuse – Grenzsituation" wird im Laufe des Abends in dialogische Beziehung zu den wissenschaftlichen Beiträgen zu setzen sein.

In Zäsuren deuten sich Abschluss und Neubeginn an. Aus ihnen werden im besten Fall Wendezeiten, Zeiten, die aus den Ausweglosigkeiten drohender katastrophischer Zusammenbrüche, gerade noch rechtzeitig lebensdienliche Wendungen ermöglichen. Diese Wendezeiten, wenn sie aus Grenzsituationen hervorgehen, implizieren in der persönlichen und gesellschaftlichen Realität hohe Risiken. Hier bedarf es der gestaltenden Reflexion, des besinnliche Denkens, der Philosophie und der Künste, um eine lebensdienliche Auffanglinie zu schaffen, wie das Werk von Violeta Dinescu mit dem Titel „Gehäuse – Grenzsituation" uns zeigen kann. Das kompositorische Werk nimmt Texte von Karl Jaspers auf, die für seine Philosophie elementar sind und die uns auf Grundlegendes verweisen, auf die Antinomien der Existenz, die Spannungen nämlich, denen wir ausgesetzt sind, ob wir wollen oder nicht, und auf die Polarität von Gehäuse und Grenzsituation. In der kompositorischen Idee von Violeta Dinescu werden diese existentiellen Gegebenheiten erfasst und gleichzeitig damit in einem größeren kommunikativen, nämlich künstlerischen Kontext *aufgehoben* und *geborgen*. Das aber ermöglicht *Annäherung an die Wahrheit*. Im Gehäuse zu verbleiben bedeutete Stagnation und Absterben. Geführt werden sollen wir jedoch zur Existenzerhellung, zur gelebten Begegnung, die uns aufrüttelt und geradezu herausdrängt aus dem Gehäuse, uns in die Herausforderung der Erhellung durch die conditio humana führt, wie sie uns in der Grenzsituation aufscheint: „Was der Mensch eigentlich ist und werden kann, hat seinen letzten Ursprung in der Erfahrung, Aneignung und Überwindung der Grenzsituationen"[4]. In der Grenzsituation, in der die conditio humana offengelegt wird, ermöglicht sich wesenhafte Erkenntnis von Selbst und Welt. Daraus eröffnet sich die Chance existentieller Kommunikation über neue Sinnzusammenhänge. *Die Erschütterung und In-Frage-Stellung des „Gehäuses"*[5] *ist stets kritisch, aber unausweichlich.* Offengelegt wird ein elementares Spannungsverhältnis, symbolisch zu fassen als Polarität von Tag und Nacht. Das „Gesetz des Tages ordnet unser Dasein, verbindet Vernunft und Idee", wird jedoch in Frage gestellt durch die „Leidenschaft zur Nacht", die alle Ordnungen durchbricht und eben dadurch aus der Stagnation des Gehäuses herausführt. Die sich hier öffnende Grenzsituation kann *Ursprungssituation* werden von neuer Form, neuer Sinngestalt und neuem Kunstwerk, Ausdruck richtungsweisender Transzendenz. Diese Stufe aber der Existenzerhellung, auch wenn sie an Grenzen stößt, hört nicht ganz im Schweigen auf, wie es bei Karl Jaspers heißt, sondern führt in eine „Welt schwer hörbarer Musik"[6]. Wenn zeitgenössische Autoren[7] den Strukturwandel in der Gesellschaft und der Öffentlichkeit als aus Polarisierung hervorgehende Fragmentierung, Kontrollverlust und Entgrenzung, mit anderen Worten als nicht mehr lebensdienlich beklagen, so dürfen wir in dem hier gewählten Ansatz von Violeta Dinescu eine künstlerische und gleichzeitig gesellschaftliche Gegenbewegung erkennen, die dem Weg von Fake-News und Lüge Widerstand bietet. Es gilt, dem Versuch der institutionellen Machtstabilisierung etwa durch Fortschreibung der Unterdrückung und durch *Homogenisierung* der öffentlichen Meinung kritisch entgegenzutreten[8]. Was wir gewinnen können, hoffentlich, sind neue

---

[4] Jaspers, K.: Allgemeine Psychopathologie (1913). Berlin, Heidelberg, New York 1965, S. 271.
[5] Jaspers, K: Psychologie der Weltanschauungen (1919). München 1985
[6] Jaspers, K.: Philosophie I- Philosophische Weltorientierung (1932). Berlin, Heidelberg, New York 1973, S. 340.
[7] Habermas, J.: Ein neuer Strukturwandel der Öffentlichkeit und die deliberative Politik. Berlin 2022, S. 47.
[8] Kick, H.A.: Wechselwirkungen zwischen Institution, Gesellschaft und Identität im Rahmen der Corona Debatte. In: Kick, H.A. (Hrsg.) Heidelberger Silvestergespäche – Wechselwirkungen in Wissenschaften und Künsten. Heidelberg 2021, S. 181-195.

Räume, als eine „Erweiterung von Welt"[9], in denen sich Freiheit gestalten lässt[10]. Beide, Künste und Wissenschaften, wären dann prädestiniert zusammen mit verantwortlich handelnder Politik vorbildhaft für den Dienst an der Wahrheit[11] einzustehen.

---

[9] Kick, H.A.: Grenzsituation und Weiterbildung – eine prozessdynamische Interpretation nach Karl Jaspers. In: Engelhardt, D. von und Gerigk, H.-J. (Hrsg.): Karl Jaspers im Schnittpunkt von Zeitgeschichte, Psychopathologie, Literatur und Film. Heidelberg 2009, S. 85.

[10] Zaborowski, H.: Die Krise der Demokratie als Krise der Freiheit oder: Politik als „Dienst an der Wahrheit" und „Sorge um den Nächsten". In: Laurs, S., Proft, I., Schulze, M.: Gott für die Welt. Festschrift für George Augustin, Freiburg, Basel, Wien 2021, S. 841.

[11] Havel, V.: Versuch, in der Wahrheit zu leben. Hamburg 1993.

Violeta Dinescu

Gehäuse – Grenzsituation

Gehäuse

für Akkordeon con voce
nach einer Grafik von Hermes H. Kick

Violeta Dinescu

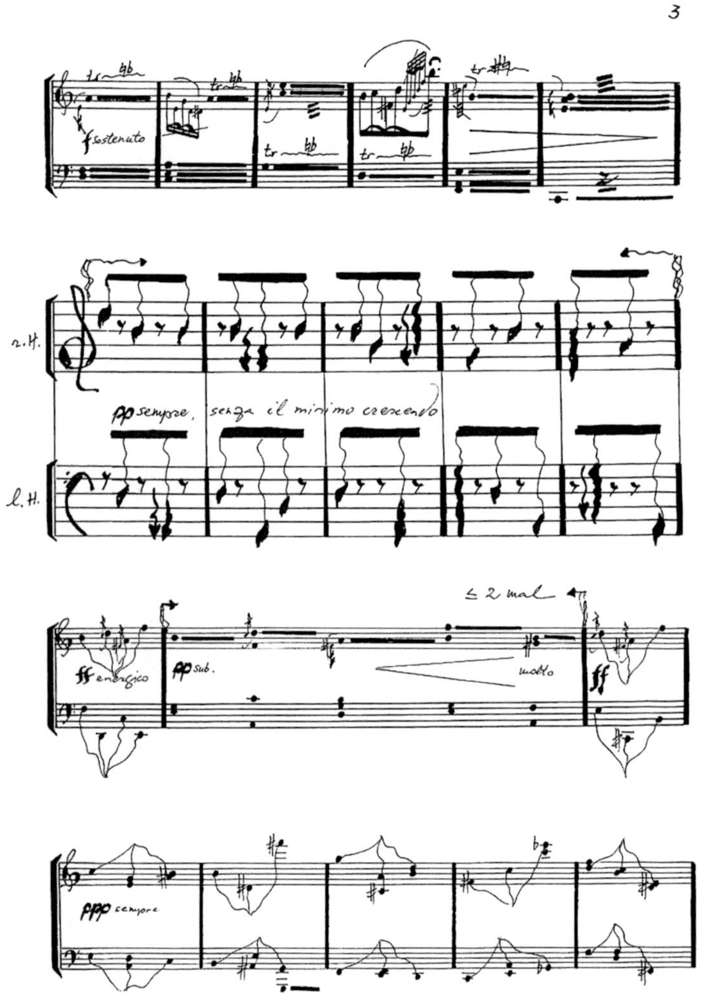
3
f sostenuto
r. H.
l. H.
pp sempre, senza il minimo crescendo
≤ 2 mal
ff energico
pp sub.
molto
ff
ppp sempre

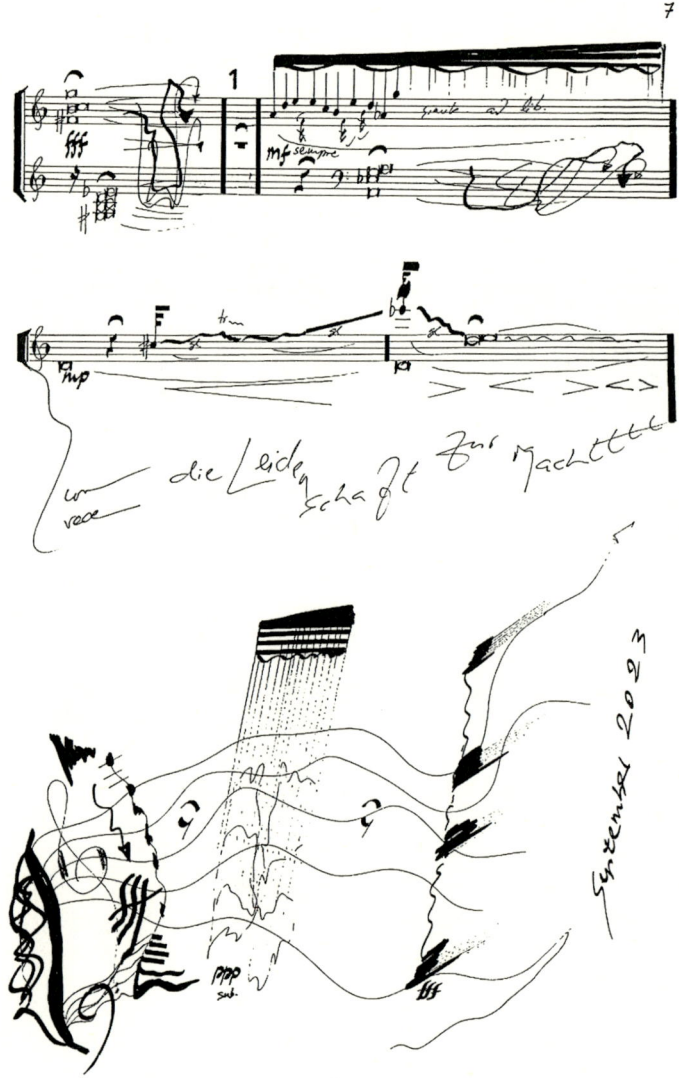

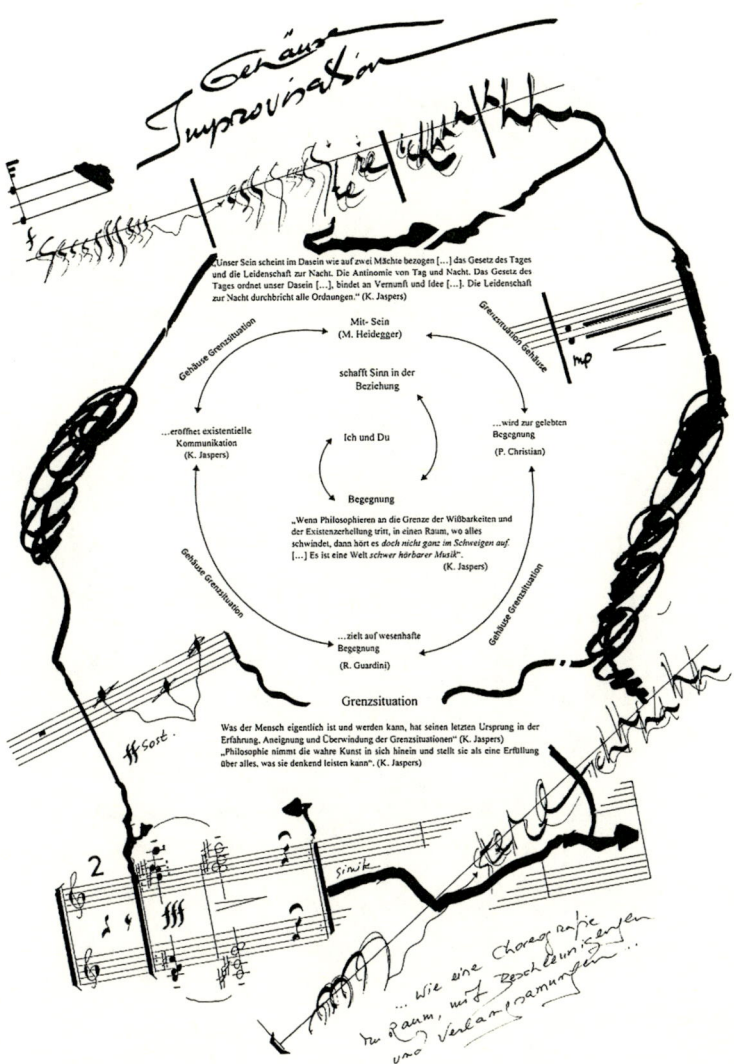

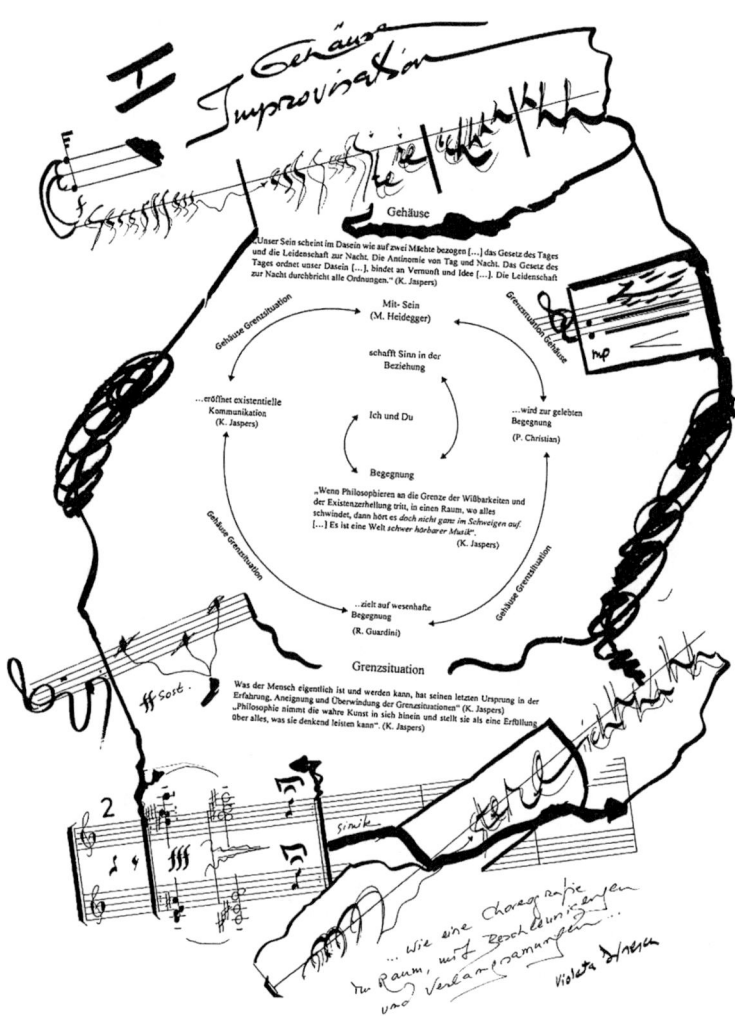

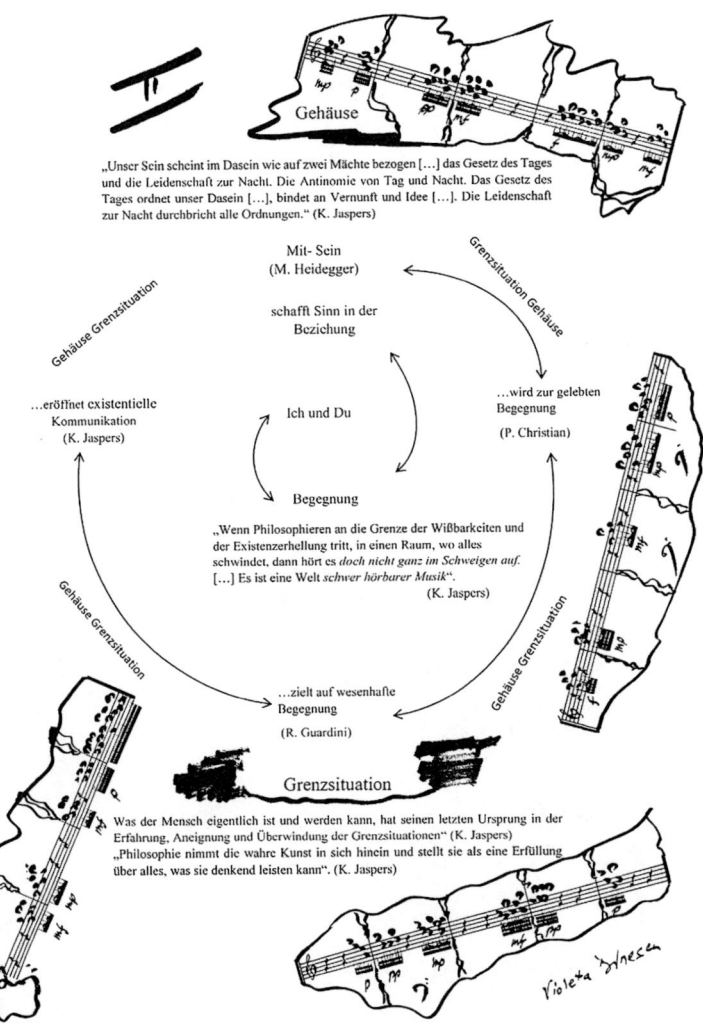

Gehäuse

„Unser Sein scheint im Dasein wie auf zwei Mächte bezogen [...] das Gesetz des Tages und die Leidenschaft zur Nacht. Die Antinomie von Tag und Nacht. Das Gesetz des Tages ordnet unser Dasein [...], bindet an Vernunft und Idee [...]. Die Leidenschaft zur Nacht durchbricht alle Ordnungen." (K. Jaspers)

Mit- Sein
(M. Heidegger)

schafft Sinn in der Beziehung

...eröffnet existentielle Kommunikation
(K. Jaspers)

Ich und Du

...wird zur gelebten Begegnung
(P. Christian)

Begegnung

„Wenn Philosophieren an die Grenze der Wißbarkeiten und der Existenzerhellung tritt, in einen Raum, wo alles schwindet, dann hört es *doch nicht ganz im Schweigen auf*. [...] Es ist eine Welt *schwer hörbarer Musik*".
(K. Jaspers)

...zielt auf wesenhafte Begegnung
(R. Guardini)

Grenzsituation

Was der Mensch eigentlich ist und werden kann, hat seinen letzten Ursprung in der Erfahrung, Aneignung und Überwindung der Grenzsituationen" (K. Jaspers)
„Philosophie nimmt die wahre Kunst in sich hinein und stellt sie als eine Erfüllung über alles, was sie denkend leisten kann". (K. Jaspers)

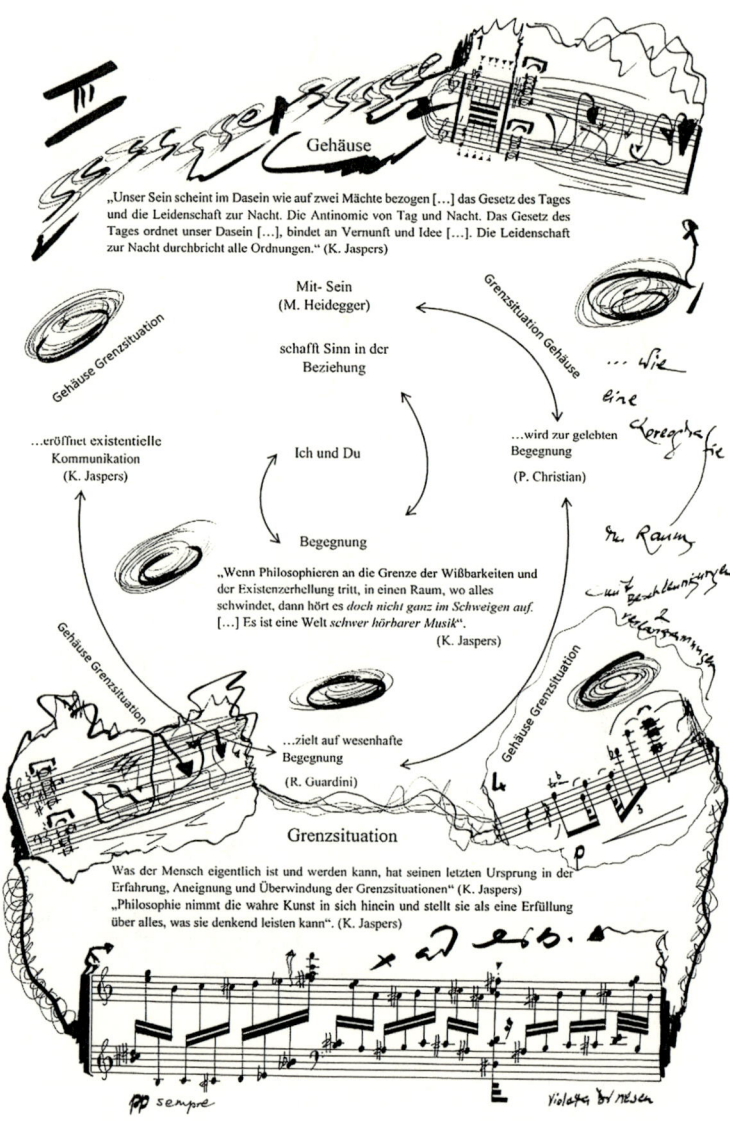

Gehäuse

„Unser Sein scheint im Dasein wie auf zwei Mächte bezogen [...] das Gesetz des Tages und die Leidenschaft zur Nacht. Die Antinomie von Tag und Nacht. Das Gesetz des Tages ordnet unser Dasein [...], bindet an Vernunft und Idee [...]. Die Leidenschaft zur Nacht durchbricht alle Ordnungen." (K. Jaspers)

Mit- Sein
(M. Heidegger)

schafft Sinn in der Beziehung

...eröffnet existentielle Kommunikation
(K. Jaspers)

Ich und Du

...wird zur gelebten Begegnung
(P. Christian)

Begegnung

„Wenn Philosophieren an die Grenze der Wißbarkeiten und der Existenzerhellung tritt, in einen Raum, wo alles schwindet, dann hört es doch nicht ganz im Schweigen auf. [...] Es ist eine Welt *schwer hörbarer Musik*."
(K. Jaspers)

...zielt auf wesenhafte Begegnung
(R. Guardini)

Grenzsituation

Was der Mensch eigentlich ist und werden kann, hat seinen letzten Ursprung in der Erfahrung, Aneignung und Überwindung der Grenzsituationen" (K. Jaspers)
„Philosophie nimmt die wahre Kunst in sich hinein und stellt sie als eine Erfüllung über alles, was sie denkend leisten kann". (K. Jaspers)

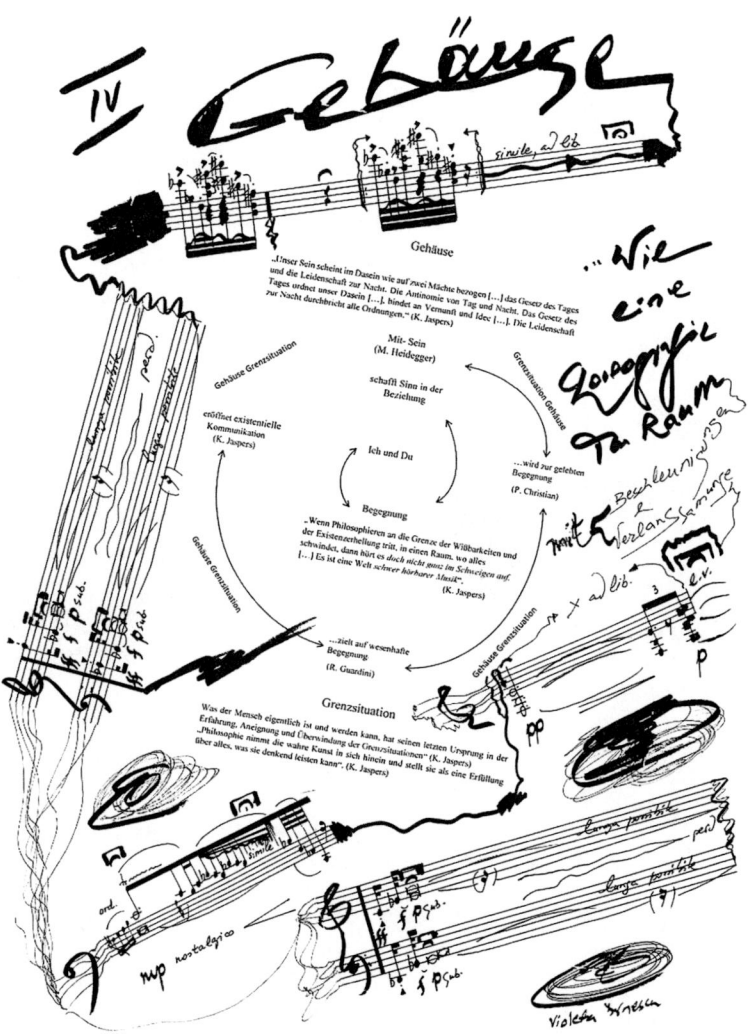

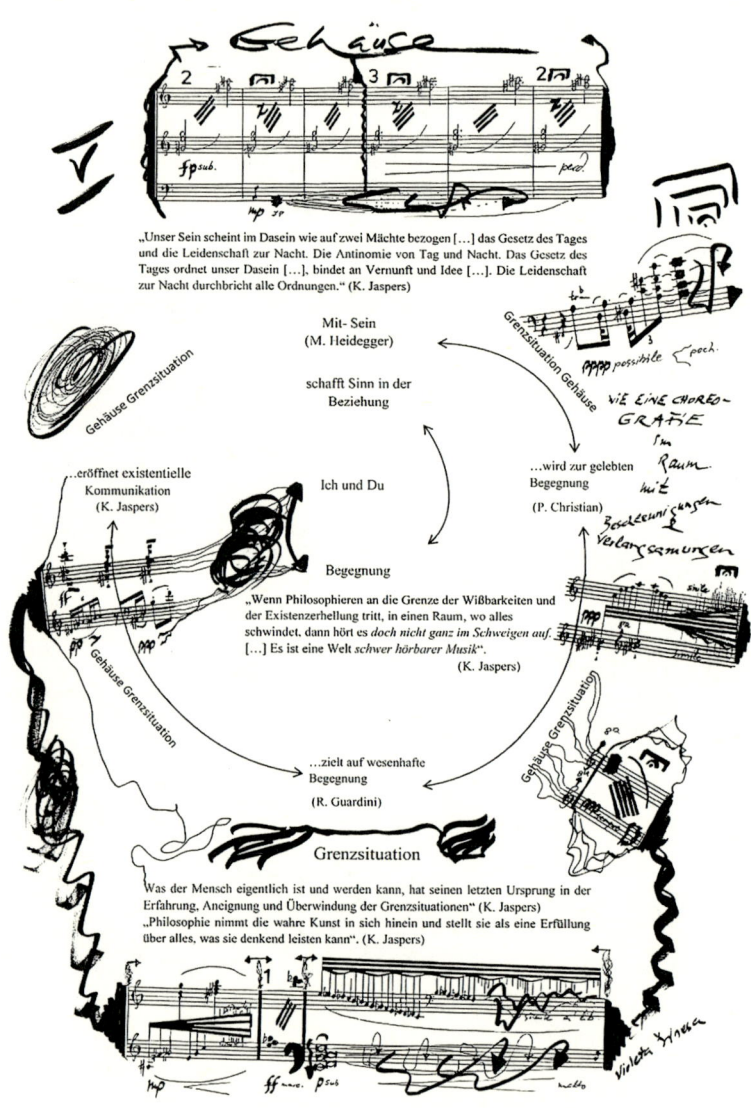

Die Improvisationsblätter Gehäuse
sind von der Grafik Gehäuse von
Hermes A. Kick inspiriert.
Man kann sie separat ~ ohne das
Stück Gehäuse ~ aufführen.
Es gibt mehrere Möglichkeiten sie
                    zu realisieren:

~ Wichtig ist es einen Grundton auszusuchen
   am besten in „Absprache" mit allen
   Teilnehmern, die sowohl Musiker, als auch
   Publikum/Interessierte ~ sein können.
   Der ausgesuchte Grundton könnte auch
   von einem Gerät kontinuierlich
   erzeugt werden
~ in einer spontane Reihenfolge ~ könnte
   man die Texte nach und nach
   vorsprechen ~ evtl. halb gesprochen
                        /halb gesungen
   N.B.: In einem auskomponierten crescendo
                                  &
                              accelerando
        von (Dichte 1 ~> bis X
                          (TUTTI)
              (verständlich ~> unverständlich
                            DICHTER
                            Klangteppich
~ Es ist möglich auch Rollen zu verteilen
   um die suggerierte Choreografie des Raumes
   realisieren zu können.

Rudolf Kamp

Zum Geburtstag der Zeit –
Wendung und Wandlung

Um „Wendezeiten" soll es in unseren heutigen Gesprächen gehen – nun, mit den „Zeiten" ist das so eine Sache, meint schon eine alte Hausinschrift:

> „Alte Leute sagen mir,
> die Zeiten werden schlimmer,
> ich aber sage nein,
> denn es trifft viel besser ein:
> die Zeiten sind wie immer,
> die Leute werden schlimmer."

Wenn das stimmt, woran könnte es liegen? Dafür habe ich eine spezielle Erklärung: unter anderem daran, dass die Leute die „Zeit" im Singular aus den Augen verlieren! Also sollten wir nicht über „Zeiten" reden, sondern über „die Zeit"? Das ist allerdings gar nicht so einfach, denken berühmte Köpfe, wie etwa Thomas Mann:

> „Was ist die Zeit? Ein Geheimnis, wesenlos und allmächtig."
> („Der Zauberberg")

Und bereits lange vor ihm sieht auch Augustinus hier ein Dilemma:

> „Was also ist die Zeit? Wenn mich niemand danach fragt, weiß ich's. Will ich's aber einem Fragenden erklären, weiß ich's nicht."
> („Confessiones")

Allerdings gibt es da eine Dame, die es zwar auch nicht genau weiß, aber spürt: die Marschallin im „Rosenkavalier" von Richard Strauß! Hugo von Hofmannsthal (1874–1929) lässt sie folgenden Monolog vortragen:

> „Die Zeit, die ist ein sonderbar Ding.
> Wenn man so hinlebt, ist sie rein gar nichts.
> Aber dann auf ein Mal, da spürt man nichts als sie.
> Sie ist um uns herum, sie ist auch in uns drinnen.
> In den Gesichtern rieselt sie, im Spiegel da rieselt sie.
> In meinen Schläfen, da fließt sie.
> Und zwischen dir und mir, da fließt sie wieder.
> Lautlos wie eine Sanduhr. Oh Quinquin!
> Manchmal hör ich sie fließen – unaufhaltsam.
> Manchmal steh ich auf mitten in der Nacht
> Und lass die Uhren alle, alle stehn.
> Allein man muss sich auch vor ihr nicht fürchten.
> Auch sie ist ein Geschöpf des Vaters,
> der uns alle erschaffen hat."

Diese Zeit der Marschallin ist offensichtlich nicht die Zeit von Zeitenwenden oder Zeitungen: historische Zeit. Und auch nicht die Zeit der Uhren und Kalender: physikalische Zeit. Sie ist nicht etwas, das wir haben, im Griff haben, handhaben können – zum Beispiel messen, sparen oder beschleunigen – wie es uns das vulgäre Zeitverständnis, im Sinne von Martin Heidegger die „verdinglichte Zeit", nahelegt.

Jedoch, die Marschallin spürt eine andere Zeit, und zwar auf dreierlei Weise: zum einen als etwas um sie herum, das sie umgreift; zum zweiten als etwas, das in ihr lebt, sie durchgreift; und zum dritten als etwas, das endgültig verfließt, wie der Sand einer Sanduhr. Diese „Ergriffenheit" der Marschallin offenbart, dass die Zeit sie in ihrem ganzen Dasein berührt: existenziell.

In der Philosophie hat erstmals Augustinus (354–430) die Zeit so als „Zeit der Seele" definiert, verstanden wie von der Marschallin als eine Mitgift Gottes. Ihre wesentliche Qualität ist für ihn ihre Modalität: die Seele – das Ich – erlebt ihre/seine Zeitlichkeit als Erstrecktheit in Gegenwart,

Vergangenheit und Zukunft. Martin Heidegger (1889-1976) entwickelt dann diesen Gedanken fort zur existenziellen Zeitlichkeit: Das Dasein findet sich immer schon vor als geworfen und ausgespannt in drei Ekstasen seiner Existenz – seine Gegenwart, seine „Gewesenheit" und seine Zukunft. An der Grenze letzterer stößt das Dasein, sofern es diese Einsicht nicht verdrängt, auf seine Endlichkeit, sein Dasein zum Tode – wie es die Marschallin beim Blick auf die Sanduhr verspürt. Hierzu liefert Heideggers Zeitgenössin Mascha Kaleko (1912–1975) ein prägnantes lyrisches Bild:

> Die Zeit steht still. Wir sind es, die vergehen.
> Und doch, wenn wir im Zug vorüberwehen,
> scheint Haus und Feld und Herden, die da grasen,
> wie ein Phantom an uns vorbeizurasen.
> Da winkt uns wer und schwindet wie im Traum,
> mit Haus und Feld, Laternenpfahl und Baum.
>
> So weht wohl auch die Landschaft unsres Lebens
> an uns vorbei zu einem andern Stern
> und ist im Nahekommen uns schon fern.
> Sie anzuhalten suchen wir vergebens
> Und wissen wohl, dies alles ist nur Trug.
>
> Die Landschaft bleibt, indessen unser Zug
> zurücklegt die ihm zugemessnen Meilen.
>
> Die Zeit steht still. Wir sind es, die enteilen.
> („Die paar leuchtenden Jahre")

Lässt sich hier vielleicht sogar eine metaphysische Sicht heraushören, eine Art Hypostasierung der Zeit als mythische bzw. transzendente Instanz? So wie der griechische Dichter Pindar (522/518–446 v. Chr.) sie in einer Ode charakterisiert:

> „Trügerisch hängt über den Menschen die Zeit,
> rollt mit sich dahin des Lebens Flut."

Eine großartig pointierte, wenn auch etwas verrätselte Zusammenfassung unserer Überlegungen zur existenziellen Zeit finden wir bei dem: Barockdichter Paul Fleming (1619–1640) „*Gedanken über die Zeit*":

> „Ihr lebet in der Zeit und kennt doch keine Zeit;
> So wißt ihr Menschen nicht von und in was ihr seid.
> Dies wißt, dass ihr seid in einer Zeit geboren
> Und werdet auch in einer Zeit verloren.
> Was aber war die Zeit, die euch in sich gebracht?
> Und was wird diese sein, die euch zu nichts mehr macht? (…)
> Der Mensch ist in der Zeit, sie ist in ihm ingleichen;
> Doch aber muss der Mensch, wenn sie noch bleibet, weichen.
> Die Zeit ist, was ihr seid, und ihr seid, was die Zeit,
> Nur dass ihr wen'ger noch, als was die Zeit ist, seid."

Aphoristisch zugespitzt könnten wir sogar etwas Menschliches an dieser uns übersteigenden Zeit entdecken: „In jeder Silvesternacht feiert die Zeit angemessen Geburtstag – wie beim Urknall." Wir allerdings, wir können sie zwar nicht haben, sind aber ein winziges Stückchen weit ein Teil von ihr. Sie konstituiert unsere Existenz: wir sind Zeit in ihren drei Modi, sind unsere Erinnerungen, Erfahrungen und Prägungen, sind unsere Gedanken, Gefühle und Erlebnisse, sind unsere Erwartungen, Hoffnungen und Sehnsüchte.

Diese unsere existenzielle Zeitlichkeit wird allerdings da verkannt, wo Zukunftshörigkeit die Gegenwartsachtung beschädigt, wo historischer Sinn und Erinnerungskultur vernachlässigt werden, wo Zukunftsignoranz die eigene Verantwortlichkeit aus dem Blick verliert, und wenn die Ablenkungen der verdinglichten „Man"–Zeit das Bewußtwerden der menschlichen Endlichkeit verdrängen. Und ist es nicht auch solch mangelndem Zeitrespekt geschuldet, wenn, wie obige Inschrift meint, Menschen und Zeiten schlimmer werden?

Andererseits, fordert eine Ethik der Zeit nicht auch unsere „vita activa" auf, am Fortgang des umgreifenden Ganzen der Zeit, die uns ausmacht, aktiv Anteil zunehmen? Und erst recht, wenn wir Wenden zu Schlechtem zu erkennen glauben? Hierzu als letztes Wort Erich Frieds (1921–1988) Gedicht „Du liebe Zeit":

Da habe ich einen gehört
Wie er seufzte: „Du liebe Zeit!"
Was heißt da „Du liebe Zeit"?
„Du unliebe Zeit", muss es heißen

„Du ungeliebte Zeit!"
Von dieser Unzeit, in der wir
Leben müssen. Und doch
Sie ist unsere einzige Zeit

Unsere Lebenszeit
Und wenn wir das Leben lieben
Können wir nicht ganz lieblos
Gegen diese unsere Zeit sein

Wir müssen sie ja nicht genau so
Lassen, wie sie uns traf

(„Unverwundenes")

Ernst Peter Fischer

Revolutionen machen die Runde
Ein gern gebrauchter Begriff: Zäsuren in neuer Deutung

Der Terminus „Revolution" meint vom Wortlaut her das Gegenteil eines geplanten Umsturzes in politischer Landschaft mit fortschrittlicher Neuordnung der Gesellschaft, wie dieser gewöhnlich verstanden und bevorzugt gebraucht wird. Eine „Revolution" verläuft rund: der beliebte Begriff deutet mit seinen beiden Anfangsbuchstaben ein Zurück-auf-Los und somit eine zugehörige Konterrevolution oder Gegenbewegung an. Der oft leichtfertig gebrauchte und öffentlich beliebte Ausdruck – die Medizin verspricht immer neue Revolutionen im Gesundheitswesen und in der Werbung kann man sich auf eine „Revolution im Kaffeegenuss" freuen – stammt aus dem Lateinischen und sollte ursprünglich eine Bewegung erfassen, die kreisförmig verläuft, dabei immer wieder zu ihrem Ausgangspunkt zurückfindet und anschließend von Neuem beginnen kann. In dem Substantiv „Revolution" steckt das Verb „volvere", das mit „rollen" zu übersetzen ist und mit der Vorsilbe „re" zu „revolvere" wird, was ein „Zurückrollen" meint. Es geht um ein „Sich-im-Kreis-drehen" oder „Umwälzen", wobei einem die Drehpsitole mit Trommel in den Sinn kommt, die seit dem 19. Jahrhundert „Revolver" heißt. Hier soll es weniger um Schießereien und mehr um Machtproben in Form von „Revolutionen" gehen, wobei dieses seltsam oft in etablierten Kreisen ins Gespräch gebrachte Konzept des Umsturzes zuerst in einer kleingeschriebenen Version als „revolutio" aufgetaucht ist, und zwar sehr eindrucksvoll und nachhallend. Verantwortlich dafür war der Astronom Nikolaus Kopernikus, der seinem 1543 erschienenen Hauptwerk den Titel „De revolutionibus orbium coelestium" gegeben hat. In diesem Buch stellt Kopernikus seine neuen Gedanken „Über das Umlaufen der Himmelskörper" vor, und mit seinen hier präsentierten Einsichten wollte der als Domherr tätige und aus Polen stammende Beobachter der kosmischen Sphäre seine Zeitgenossen ermutigen, ihre planetare Wohnstätte namens Erde selbst als Himmelskörper zu betrachten, der auf einer bald berechenbaren Bahn ein Zentralgestirn umkreiste, das als Sonne verehrt wurde. Kopernikus erhöhte die Menschen auf diese dynamische Weise, da er sie näher an den Götterhimmel über ihren Köpfen heranrückte, und mit seinem Vorschlag mussten sich die Erdenbürgerinnen und -bürger sowohl außen als auch innen umorientieren.

Ab 1543 lebten Menschen in einer neuen Welt. Es galt umzudenken und den bequemen, seit Ewigkeiten gewohnten Ruhepunkt im Zentrum der Welt aufzugeben und durch das rasante Bild eines im Kosmos umlaufenden Heimatplaneten zu ersetzen. In der nachfolgenden Geschichte ist aus dem anfangs physikalisch gemeinten Begriff der „revolutio" eine Revolution – Umwälzung – in die Sphäre des Geistigen geworden, und man fing in der Welt der Ideen an, von einer Kopernikanischen Revolution zu sprechen. Es lohnt sich klarzumachen, dass hier ein vertrauter Vorgang der Kulturgeschichte zu erkennen ist, da Philosophen oder Historiker häufig und gerne Anleihen bei naturwissenschaftlichen Konzepten machen, um gedankliche Entwicklungen in ihrem Bereich auf den Begriff zu bringen. Als Beispiele lassen sich die Energie und das Atom der Physik, die Gene und Krebsgeschwüre der Medizin, die tektonischen Verschiebungen der Geologie, das Spannungsfeld der Elektrotechnik, die poetisch genutzten Wahlverwandtschaften der Chemie und auch Strom, die Wärme, die Quantensprünge und selbst die Entropie nennen, denn natürlich gibt es Leute, die den betreffenden Ausdruck noch nie gebraucht haben und deshalb wenig mit ihm anfangen können. Sie sollten einen Blick in das Buch des Historikers Christopher Clark mit dem Titel „Frühling der Revolution" werfen, das von der bewegten bürgerlichen Welt um 1848 erzählt und in dem ein Kapitel „Entropie" überschrieben ist. In ihm kommt das öffentliche Durcheinander und gesellschaftliche Chaos zur Sprache, das der anschließenden „Konterrevolution" vorangeht, die man bei jeder Umwälzung zu erwarten hat.[1]

Immanuel Kant kannte den im 19. Jahrhundert geprägten Begriff der Entropie aus der Wärmelehre noch nicht. Der Philosoph spielt bei Revolutionen eine Rolle, weil er bereits im 18. Jahrhundert der Aufklärung die Einsichten des Kopernikus als „Umänderung der Denkart" für seine Disziplin reklamiert und dabei die physikalisch gemeinte Idee metaphysisch umgedeutet und für seine Disziplin der Philosophie usurpiert hat. Seine

---

[1] Clark, Ch.: Frühling der Revolution. München 2023.

Nachfolger haben Kants Überlegungen als „Kopernikanische Wende" übernommen, die der Mann aus Königsberg aber nicht auf den Wechsel von einer geo- zu einer heliozentrischen Sicht des Sonnensystems bezog, sondern mit der er die zweite von dem polnischen Domherrn erkannte Revolution (Umdrehung) der Erde meinte, die als Rotation des blauen Planeten um seine Nord-Süd-Achse zu erkennen ist. Wieder wandelt ein Philosoph eine anfänglich physikalische Idee für seine metaphysischen Zwecke um, und damit kann Kant die Wende vollziehen, bei der die alte Vorstellung, der zufolge Menschen die Gesetze der Natur in der Natur finden, umgekehrt und durch den Vorschlag ersetzt wird, dass die Gesetze der Natur freie Erfindungen von Menschen sind, die sie der Welt vorschreiben. Wenn sich die Erde um ihre eigene Achse dreht, wie es Kopernikus beschrieben hat, dann kommt die sichtbare Bewegung der Sterne am Himmel nicht durch Ortsveränderungen der leuchtenden Objekte in der Höhe, sondern durch die Rotation des Planeten zustande, von dem aus Subjekte am Boden – die Beobachter – die Abläufe über ihren Köpfen anschauen und wahrnehmen können.

Mit dieser Kopernikanischen Wende der Philosophie erfährt das Weltbild eine weitere Umkehrung. Denn während der Astronom Kopernikus mit der Einführung der heliozentrischen Sicht dem Menschen den Platz in der Mitte der (kosmischen) Welt verweigert, die er stattdessen umkreisen muss, gibt Kant seinen Artgenossen diesen anscheinend beliebten Ort in der (metaphysischen) Sphäre zurück. Der äußerlich bewegte *Homo sapiens* weiß, wo er innerlich steht und sich umsieht – in der Mitte des Geschehens, wo er sich wohlzufühlen scheint. Man sieht dank dieser doppelten Drehung, wie Betrachter der Kopernikanischen Umwälzungen durcheinandergeraten können, wenn sie nicht sorgfältig zwischen dem jährlichen Sonnenumlauf und der täglichen Eigendrehung der Erde in ihren Auswirkungen auf das Weltbild unterscheiden. Damit aber fangen die Schwierigkeiten mit der Verortung und Verwendung von dieser und anderen Revolutionen erst an, wovon im Folgenden die Rede sein soll. Revolutionen bringen Menschen oder Gesellschaften nicht weiter, dafür aber immer zurück, was den beliebten Gebrauch dieses Ausdruck unverständlich erscheinen und fragen lässt, warum Revolutionen solchen Spaß machen.

Nach seiner sich philosophisch auswirkenden Einführung am Himmel hat es bis zum Ende des 17. Jahrhunderts gedauert, bevor das stürmisch klingende Wort zur Beschreibung revolutionärer Taten erneut zum

Einsatz kam, diesmal in der politischen Arena. Dies passierte in England, als im Vereinigten Königreich die im Jahre 1688 erfolgte Abkehr von der Monarchie hin zu einem parlamentarischen Regierungssystem als „Glorious Revolution" gefeiert wurde. Das „Re" in der hierarchischen Umwälzung erklärte sich durch die Tatsache, dass der englische König zwar seine Position an der Spitze des Staates behalten durfte – und zwar bis heute –, nur verdankte er diese Stellung ab jetzt nicht mehr einer göttlichen Gnade, sondern einer parlamentarischen Zustimmung nebst seiner familiären Abstammung. Nicht ein Gott, sondern die Menschen setzen den König oder die Königin ein. Diese Revolution stellte somit nicht nur eine Wende im Denken, sondern auch eine gezielte Umorientierung bei der Verteilung von staatlicher Macht dar, wobei es anschließend noch etwas mehr als 100 Jahre dauern sollte, bevor der vielseitig verwendbare Begriff des Kopernikus endgültig der Wissenschaftssphäre entzogen und zur Beschreibung des gewaltsamen Umsturzes eines überalterten Regimes eingesetzt wurde. Dies passierte mit der Französische Revolution von 1789, bei der die physikalische Umwälzung am Himmel zu einem politischen Vorgang auf der Erde wurde, der nach Fortschritt klang und deshalb schwungvoll begann, bevor alles in einem konterrevolutionären Terror endete. Die Idee einer Revolution war trotzdem jetzt im geschichtlichen Geschehen akzeptiert und verankert. Seitdem erzählen Historiker in einer zunehmenden Zahl von Büchern über die amerikanische Revolution im Jahren 1776, die bürgerliche Revolution im Europa des Jahres 1848 oder die russischen Revolution im Oktober 1917, um nur ein paar herausragende Beispiele aus der Häutung moderner Staaten zu nennen.

Die berühmte und immer wieder glorifizierte politische Revolution in Frankreich von 1789 hat Wirtschaftshistoriker und andere Publizisten im 19. Jahrhundert veranlasst, die ökonomischen und sozialen Entwicklungen, die in England als Folge des Förderns von Kohle und der Verfügbarkeit von Dampf- und Spinnmaschinen eingetreten waren und zur Erhöhung der Arbeitsproduktivität mit zunehmendem sozialen Elend geführt hatten, als industrielle Revolution zu bezeichnen. Der Ausdruck taucht seit 1827 in ökonomischen Schriften auf, er wird erstmals als Epochenbegriff 1839 in dem Buch über „Die Industrie in Belgien" verwendet, das der Ökonom Natalis Briavoinne verfasst hat, und die heute eingängige und vertraute Wortkombination findet erste weitere Verbreitung, nachdem sie in der Schrift aufgetaucht war, in der Friedrich Engels 1845 „Die Lage der arbeitenden Klasse in England" geschildert hat. Engels erkannte, dass die industrielle Revolution mit ihren beschleunigten technischen Entwicklungen und dem gleichzeitig eintretenden massiven Wachstum der Bevölkerungszahl so etwas wie eine Industriegesellschaft hervorgebracht hat, in der sich kapitalistische Unternehmer und lohnabhängige Proletarier eher feindlich gegenüberstanden und Menschen in ihrem alltäglichen Elend begannen, die soziale Frage zu stellen, wie man heute in aller Kürze sagen kann.

Etwas mehr als 100 Jahre nach Engels konnte der Sozialdemokrat Leo Brandt im Deutschen Bundestag eine Rede halten, in der er „Die zweite industrielle Revolution" ankündigte, die ihm möglich erschien, nachdem die alliierten Forschungsverbote entfallen waren und auch die Bundesrepublik sich um die Nutzung der Atomenergie kümmern durfte.[2] Bevor der Diplomingenieur Brandt den passenden Einsatz der Atomkraft als zweite industrielle Revolution verkündete und hierin wie der Philosoph Ernst Bloch „die endgültige Lösung des Problems der Energie, ja des gesellschaftlichen Reichtums überhaupt" sah, worüber man heute nicht einmal mehr lachen kann, hat der Sozialdemokrat erläutert, dass die erste industrielle Revolution sich nicht zum Vor-, sondern zum Nachteil der Menschen ausgewirkt hat. Er zählt auf „Verarmung, Sechzehnstundentag, Kinderarbeit, hohe Sterblichkeit", wobei den heute Lebenden bleibt, solch eine Liste für die zweite industrielle Revolution anzufertigen.

Zurück zum Allgemeinen: Die Revolution ist von ihrem Einsatz am physikalischen Himmel mit ihrer metaphysischen Erweiterung über die Charakterisierung der Neuordnung in der englischen Monarchie und ihrem Gebrauch zur Benennung der französischen Deklaration der Menschenrechte bei der Analyse umwälzender gesellschaftlicher Entwicklungen mit technisch-wissenschaftlicher Hilfe gelandet: Der Begriff hat dabei immer mehr von seiner ursprünglichen Aufgabe oder Bedeutung verloren, nämlich nach einem anfänglichen Aufbruch wieder zum Ausgangspunkt zurückzukehren, um das ins Auge gefasste Geschehen als Ganzes abzurunden. Oder hat sich doch etwas davon erhalten?

Wer sich zum Beispiel erkundigt, wohin die Französische Revolution geführt hat, wie sie beendet werden konnte und was nach ihr gekommen ist, wird auf den Begriff der Restauration stoßen, mit dem die Historiker die Wiederherstellung der Ordnung meinen, die im Zuge der

---

[2] Brandt, L.: Referat auf dem SPD-Parteitag im Juli 1956 in München; kommentiert. In Beck, J.: Eine andere Welt. München 2023, S. 281-284.

umstürzlerischen Unruhen beseitigt worden war und ersetzt werden sollte. Konkret kehrte man in Frankreich zur Bourbonenmonarchie vorrevolutionärer Tage zurück, was hier nicht weiterverfolgt und nur durch den Hinweis ergänzt werden soll, dass es unter Ökonomen zu heftigen Auseinandersetzungen über die nachrevolutionäre Gesellschaftsordnung kam, die den Menschen zwar „Freiheit, Gleichheit und Brüderlichkeit" bringen sollte, wie man ihnen versprochen hatte, ohne den Weg angeben zu können, auf dem sich das Ziel erreichen ließ. Bei den Versuchen, eine dafür geeignete soziale Organisation zu entwerfen, tat sich vor allem der philosophisch und soziologisch engagierte Autor Henri de Saint-Simon hervor, dessen Anhänger als Saint-Simonisten bekannt wurden. Sie erblickten in der „industriellen Religion" – nicht Revolution – eine Art neues Christentum, was einem heute durch die makabre Idee vertraut erscheint, dass man an den Kapitalismus und seine Werte, die heiligen Götter Wachstum und Produktivität – zu glauben hat, ohne die dazugehörigen Abläufe verstehen zu können. Die Ideen der Saint-Simonisten wurden vielfach als „Produzentensozialismus" verspottet, obwohl sie „jedem nach seinen Fähigkeiten" einen Platz in der Arbeitsordnung zuweisen wollten und diese Fähigkeiten an Leistungen messen wollte, was insgesamt erkennen lässt, dass bei Revolution oft klar ist, welche als überkommen geltenden Herrschaftsstrukturen die Menschen loswerden wollen, ohne dass sie zugleich zu sagen wüssten, was an ihre Stelle treten und der Bevölkerung ein besseres Auskommen und angenehmeres Leben geben kann.

Mit diesen Hinweisen kann verstanden werden, dass sich in den unruhigen Pariser Tagen frühzeitig und reichlich Bestrebungen zeigten, mit denen die gerade gestürzte Ordnung in Form der Monarchie wieder hergestellt werden sollte, was zum einen bedeutet, dass die Gefahr einer Konterrevolution seit den Tagen der Französischen Revolution über allem politischen Geschehen schwebt, woraus zum zweiten folgt, dass es gar nicht nötig ist, solch eine Gegenbewegung zu organisieren, da sie aus der unvermeidlichen und durchgehenden Polarisierung heraus allein entstehen kann, die sich zu Beginn der umstürzlerischen Prozesse in Staat und Gesellschaft herausbildet. In der Folge dieses Risses entstehen bei den Menschen Misstrauen und Angst und lassen sich im Volk allgemeine Enthemmungen beobachten, wie den Geschichtsbüchern entnommen werden kann. Dies macht die zum Widerstand bereiten Konterrevolutionäre einsatzbereit und ermutigt sie zur politischen Tat. Mit ihrer Aktivität verdient das politische Geschehen zuletzt die urtümliche Bezeichnung einer

Revolution, weil die anfängliche Erhebung ihr gesellschaftliches Gegenstück bereits als Potential enthält und die angesammelten Kräfte nach kurzer Zeit befreit und in Gang setzt. Wenn von der industriellen und der französischen Revolution die Rede ist, dreht sich die angesprochene historische Zeit um das Jahr 1800. Die Jahrhundertwende liegt in Paris zwischen dem Ende des *Ancien régime* 1789 und dem Beginn der Restauration um 1814, und die Zahl liefert darüber hinaus eine zweite wichtige Markierung. Denn wenn Kulturhistoriker gebeten werden, die Epoche der Romantik abzugrenzen, nennen sie gerne die Zeitspanne von 1770 bis 1830, was das Jahr 1800 passend in ihrer Mitte platziert. Die Romantik kann in den hier verhandelten Kontext eingefügt werden, weil der britische Ideenhistoriker Isaiah Berlin eine „Revolution der Romantik" ausfindig gemacht und sie als einen grundlegenden Wendepunkt in der europäischen Geschichte des menschlichen Denkens und Verhaltens beschrieben hat.[3]

Es sollte daran erinnert werden, dass die Romantik selbst als Gegenbewegung entstanden ist, nämlich als Reaktion auf die Bemühungen um Aufklärung, was der mit den beiden genannten Perioden erfassten Geistesgeschichte tatsächlich das Gepräge einer vollständigen Umwälzung verleiht. Bevor die in der „Revolution der Romantik" praktizierte Umwertung der Werte vorgestellt und ihre wahrlich umwerfende Qualität erläutert wird, soll erwähnt werden, dass die mit dem Namen von Kopernikus bezeichnete Idee eines revolutionären Umdenkens von den Geisteswissenschaften – vor allem von Historikern – im 20. Jahrhundert auf die Naturwissenschaften übertragen worden ist und dort ausfindig gemacht werden konnte. Seit 1949 führen Historiker den Ursprung der modernen Disziplinen auf die wissenschaftliche Revolution im frühen 17. Jahrhundert zurück, die mit Namen wie Francis Bacon, Galileo Galilei und Johannes Kepler verbunden ist. In seinem Theaterstück „Leben des Galilei" lässt Bertolt Brecht seinen Helden sagen, worin das Ziel dieser Revolution lag, nämlich darin, „die Bedingungen der menschlichen Existenz zu erleichtern". Wer mit den modernen Maschinen wie Laptops permanent online sein muss und selbst Busfahrkarten nur noch mit digitaler Hilfe und einer wachsenden Menge von Passwörtern bekommen kann, fragt sich,

---

[3] Berlin, I.: Die Revolution der Romantik. In: Wirklichkeitssinn. Berlin 1998, S. 291ff.

ob nicht das genaue Gegenteil passiert ist und die aktuelle Existenz immer schwieriger zu handhaben wird.

Bei den Umwälzungen der modernen Physik – vor allem der Quantenmechanik – hat man in den 1960er Jahren einen Paradigmenwechsel ausfindig gemacht,[4] während diejenigen, die jetzt eine Erwähnung der Molekularbiologie erwarten, sich noch gedulden müssen. Hier wird die Ansicht vertreten, dass für die aktuellen Lebenswissenschaften bei allem praktischen Erfolg eine Revolution der Molekulargenetik noch aussteht, denn an dem deterministischen Denken bei Einführung des Grundbegriffs „Gen" im Jahre 1909 hat sich auch mehr als 100 Jahre später nach der Sequenzierung der DNA des Humangenoms nichts geändert, weil man in den Basenfolgen ein genetisches Programm zu erblicken meint, das festlegt, wie sich Träger dieser Information entwickeln. Das ist ernüchternd, weil es europäischen Naturforschern längst vergangener Tage beim Blick auf die sich wandelnden Formen des Lebens einmal gelungen ist, das biologische Denken einer Revolution zu unterziehen, wobei das Jahr 1800 und Ereignisse in Paris die raumzeitliche Orientierung liefern.

Gemeint ist die Revolution, die durch die Aufdeckung einer Evolution zustande gekommen ist, wie sie dem Botaniker und Zoologen Jean Baptiste de Lamarck gelungen ist. Er war 1793 zum Direktor des Naturkundemuseums in der französischen Hauptstadt ernannt worden und hatte in dieser Funktion unter anderem lange Reihen von fossilen Funden zu begutachten. Beim Vergleich ihrer wechselnden Gestalten fiel ihm auf, dass die als ausgestorben betrachteten Lebensformen in eine Reihe mit sich veränderndem Aussehen gebracht werden konnten, was Lamarck an der damals verbreiteten Vorstellung zweifeln ließ, dass die jeweiligen Arten von der Erde verschwunden waren. Der Direktor des Museums hielt von diesem Gedanken des Aussterbens überhaupt nichts, weil er meinte, Gott würde so etwas bei seinen Geschöpfen nicht zulassen. Diese Überzeugung erlaubte Lamarck die Einsicht, dass die Reihe der in seinem Museum ausgestellten Fossilien zeige, wie sich die Organismen im Laufe langer Zeiträume nach und nach geändert hätten – jedenfalls, solange sie noch gelebt hätten. Lamarck sah jetzt, wie er das blühende Leben und seine erfreuliche Vielfalt ohne die Idee von aussterbenden Tieren und Pflanzen und göttlichen Neuschöpfungen verstehen konnte. Gott musste seine Geschöpfe so gemacht haben, dass sie sich mit eigenen Mitteln

---

[4] Kuhn, Th.: Die Struktur wissenschaftlicher Revolutionen. Frankfurt a.M. 1962.

ändern und den wechselnden äußeren Bedingungen ihrer Welt oder Umwelt anpassen konnten, um zu überleben und Nachkommen zu produzieren. Mit anderen Worten, Lamarck kam 1800 zu der Einsicht und Überzeugung, dass das Leben eine evolutionäre Geschichte hat, die erzählt werden kann. Und wenn die Welt zu seiner Zeit auch noch warten musste, bis Charles Darwin dazu in der Lage war und den dazugehörigen Mechanismus der Selektion genauer angeben konnte, so hatte der Franzose die Wissenschaft der Lebenswelt aus ihrer alten Starre befreien können und ihr die Möglichkeit an die Hand gegeben, sich der genetischen Bewegung im Reich des Organischen zuzuwenden. Man kann das auch so ausdrücken, dass man sagt, Lamarck hatte den romantischen Gedanken in der Welt der Biologie entdeckt und die dazugehörige *Wende* im wissenschaftlichen Denken eingeleitet. Dieser romantische Gedanke kann in die Worte gefasst werden, „Es gibt nur Bewegung", auch wenn es nicht immer zu einer Revolution kommt.

„Es gibt nur Bewegung", so lautet Isaiah Berlin zufolge die Quintessenz der romantischen Weltsicht, wobei diese Einsicht vor allem für den *Homo sapiens* selbst gilt, der seit dem frühen 19. Jahrhundert verstanden wird „als eine Form der Tätigkeit, als etwas, das ... in einem fort schöpferisch tätig ist" und sich dabei stets neu erfindet und zuwege bringt.[5] Konkret meint der Ideenhistoriker, dass romantisch agierende Menschen die Richtlinien für ihr – dann als richtig eingestuftes – Handeln nicht wie eine wissenschaftliche Tatsache in der Natur finden, dass sie die dazugehörigen Wertvorstellungen nicht in der Außenwelt entdecken, sondern sie von innen heraus ersinnen und selbst erschaffen. Was der Aufklärer Kant für die Gesetze der Natur konstatierte, dass es sich um freie Erfindungen des menschlichen Geistes handelt, übertragen die Romantiker auf Fragen der Sittlichkeit. Deren Hervorbringung betrachten sie als einen kreativen Prozess, was bedeutet, dass das Denken sich dank der Revolution der Romantik am Modell der Kunst orientiert. In der Kunst vollzieht sich das Lebensspiel, bei dem Menschen das Universum und seine Gesetze erfinden und diese Welt in kreativer Freiheit aus dem Nichts hervorbringen. Isaiah Berlin führt drei zentrale Grundannahmen der alten aufgeklärten Weltsicht an, die im Rahmen der romantischen Revolution in einer Umwertung zerbröseln. „Erstens hat der Mensch keine eindeutige Natur,

---

[5] Berlin, I.: Die Wurzeln der Romantik. Berlin 2004, S. 234.

denn er erschafft sich selbst", und bei diesem Tun kommt der Satz von Wilhelm Busch zur Wirkung, dass es immer anders kommt, als man denkt. „Zweitens", so Berlin weiter, „ist kein System objektiver Aussagen zur Beschreibung [der neu ersonnenen] Werte möglich, da sie nicht entdeckt [dafür aber von Personen kreiert] werden". „Und schließlich müssen die [frei aufgestellten] Werte aus verschiedenen Zivilisationen, Nationen oder Individuen nicht notwendigerweise übereinstimmen", was persönliche oder globale Konflikte nach sich ziehen kann.

„Natürlich", so merkt Berlin an, „gab es den Versuch einer Gegenrevolution, ersonnen von Hegel und auch von Marx – den Versuch der Wiedereinführung objektiver Werte, die diesmal nicht aus der Vorstellung unveränderlicher Naturrechte abgeleitet wurden, sondern aus der Vorstellung objektiver Kräfte, die sich in der geschichtlichen Entwicklung ... manifestierten". Doch dieser Versuch einer Wiedereinführung objektiver Maßstäbe konnte im Verlauf der Geschichte keinen nennenswerten Erfolg bringen, nachdem die subjektive Moral der romantischen Bewegung tief in das Bewusstsein europäischer Menschen eingedrungen war. Sie sind die Erben zweier Traditionen, was in der Gegenwart dazu führt, dass zivilisierte Mitglieder westlicher Gesellschaften mit moralischen Anschauungen und ethischen Überzeugungen auskommen müssen, die ihnen logisches oder sittliches Unbehagen bereiten können. Dieses Unbehagen spielt nun nicht nur in der Welt der Werte eine Rolle, sondern zeigte sich auch im Bereich der Naturwissenschaften, die spätestens im frühen 20. Jahrhundert ihre romantische Wendung erfahren haben, auch wenn sich dies noch nicht weit herumgesprochen hat.

Eine aufgeklärte oder aufklärende Wissenschaft ging in der Überzeugung ans Werk, dass es auf eine vernünftige Frage eine vernünftige Antwort gibt, und zwar genau eine, mit der man dann Bescheid wusste. Darüber hinaus galt es als selbstverständlich, dass sämtliche vernünftigen Antworten gefunden werden können und zwischen ihnen kein Widerspruch auftaucht. So dachte auch Albert Einstein, als er sich nach seinem Studium der Physik dem Phänomen des fotoelektrischen Effekts zuwandte, um zu verstehen, warum der Einfluss von Licht auf die Leitfähigkeit eines Metalls nicht von dessen Intensität, sondern von seiner Frequenz abhing. Nach einigem Grübeln kam der damals noch junge und weitgehend unbekannte Einstein zu einer Einsicht, die er selbst als „revolutionär" bezeichnete – und er benutzte das Attribut nur genau einmal und an dieser Stelle. Einstein musste die Hoffnung des 19. Jahrhunderts, Licht lasse sich als Bewegung einer Welle erfassen, aufgeben und dazu übergehen, seine Strahlen als einen Strom aus Teilchen zu beschreiben, die heute Photonen heißen.[6] Revolutionär an dieser Umdeutung, für die Einstein in den 1920er Jahren den Nobelpreis für Physik erhalten sollte, war vor allem die von ihm entdeckte Möglichkeit, dass auf die vernünftige Frage der Wissenschaft „Was ist Licht?" nicht eine klare, sondern zwei sich widersprechende Antworten möglich waren. Man musste sich entscheiden, in welchem der beiden Bilder man Beobachtungen oder Messungen mit Licht erfassen und verstehen wollte. Der aufklärerische Gestus der Eindeutigkeit brachte die Physiker nicht weiter, und nach und nach löste sich die alte Sicherheit bei der Beschreibung natürlicher Phänomene auf: Die Wissenschaft musste sich mit Wahrscheinlichkeiten und Möglichkeiten zufriedengeben, wenn sie sich dem Innersten der Welt erst annähern und dann in ihm zurechtfinden wollte.

Die neue mathematische Sprache, die dazu erfunden werden musste, kann hier nicht angesprochen werden, auch wenn sie zu dem gehört, was Wissenschaftshistoriker als Paradigmenwechsel der Physik bezeichnen, wobei Paradigma ein gelehrtes Wort für „Denkstil" ist. Es passt auf die Entstehung der Atomtheorie namens Quantenmechanik, weil das klassische Vorgehen der Wissenschaft, das im systematischen Lösen von Rätseln bestand, nicht weiterhalf und ihre Revolutionäre im frühen 20. Jahrhundert anfingen, Offenbarungen zu vertrauen, die man beschreiben kann als ein vom empirischen Material inspiriertes Verstehen, welches im Anschluss an den Philosophen Platon als zur Deckung kommen von inneren Bildern mit äußeren Objekten und ihrem Verhalten deuten kann. Zu der neuen wissenschaftlichen Methode gehörte es auch, sich eine Sache immer wieder vorzunehmen, über den Gegenstand nachzudenken, die Überlegungen irgendwann beiseite zu legen, um neues empirisches Material zu sammeln, und dieses Kreisen, wenn nötig, über Jahre fortzusetzen. Auf diese Weise konnte man hoffen, das Unbewusste mit seinen archetypischen Schätzen durch das Bewusstsein anzukurbeln und anzuheben. Die Ansicht fand Anhänger, dass – wenn überhaupt – nur auf dieser Weise für die Wissenschaft etwas Revolutionäres herauskommen und eine neue Theorie gefunden werden kann.

---

[6] Fischer, E.P.: Einstein für die Westentasche. München 2003. Fischer, E.P.: Das wichtigste Wissen. München 2023.

Es verlockt, der Revolution der Gedankenströme zu folgen, aber es gilt zu fragen, worin die große Gegenbewegung besteht, wenn die Quantentheorie einen Paradigmenwechsel – und also einen Umsturz im Verständnis der Dinge – darstellen soll. Die tatsächlich real existierende Konterrevolution zeigt sich sowohl auf persönlicher als auch auf konzeptioneller Ebene. Für die individuelle Dimension stellt Einstein das berühmte Beispiel dar, der sich bekanntlich bis zum Ende seines Lebens geweigert hat, in der von ihm initiierten Quantenmechanik eine akzeptable Erklärung der Wirklichkeit zu sehen. Er lehnte die Begrenzung auf Wahrscheinlichkeitsaussagen ab, was er drastisch mit seiner Bonmot „Gott würfelt nicht" ausdrücken wollte, wie er schimpfend geschrieben hat. Um die konzeptionelle Dimension zu verstehen, braucht man sich auf der einen Seite nur klarzumachen, dass die Wissenschaft angetreten ist, um die Welt zu verstehen, dass aber selbst Nobelpreisträger bekennen, dies bei der Theorie der Atome nicht hin zu bekommen. Ihr rationales Vorgehen hat im Laufe der Forschungen irrationale und eigentlich unzugängliche Bereiche der Realität aufdecken können, die bei aller Weltferne konkrete Wirkungen wie atomare Explosionen nach sich zu ziehen vermögen. Diese *Hilflosigkeit des Rationalen* hat – dies zum zweiten – eine gedankliche Flucht unter anderem in die taoistische Mystik ausgelöst, und man zeigt sich entzückt, wenn im Tao Te King der Vers 25 mit dem Satz beginnt, „Es gibt da ein nicht fassbares Etwas, formlos, chaotisch und doch schöpferische Urmasse alles Werdens, schon da seiend vor der Entstehung von Himmel und Erde".[7] So könnte auch ein Physiker beschreiben, was die Energie ist, die in der westlichen Wissenschaft als konstante Größe identifiziert worden ist und zugleich die Lebensgrundlage der zivilisierten Welt mit ihrer industriellen Revolution liefert.

Keine Frage, der Paradigmenwechsel von der Klassischen Physik der sichtbaren Dinge zur Quantenmechanik der unsichtbaren Atome stellt eine Revolution dar, was man auch für die Geburt der modernen Wissenschaft in Europa sagen kann, die auf den Beginn des 17. Jahrhunderts datiert werden kann und oben erwähnt worden ist. Als Bacon seinen Grundsatz „Wissen ist Macht" verkündete und Galilei und Kepler erste Naturgesetze angeben konnten, änderte sich das Denken der Menschen auf verschiedene Weisen: Statt nach Gewissheit durch Glauben suchten sie nach Wissen durch Erfahrung. Sie wollten nicht weiter an Traditionen

---

[7] Zitiert nach der Übersetzung von Heinz Klein, Tao Te King. Freital 2017.

festhalten, sondern sich dem Neuen zuwenden. Aus der „Mutter Natur" machten sie einen Gegenstand, also ein Objekt, dem sie als Subjekt gegenübertreten konnten. Die deduktive Logik trat hinter ihre induktive Schwester zurück, und diese Reihe könnte man fortsetzen, um sich zuletzt der Frage zuzuwenden, wann diese Revolution an ihren Ausgangspunkt zurückgekehrt ist. Als sie begann, legte Galilei fest, dass das einzige Ziel der Wissenschaft darin zu bestehen hatte, die Bedingungen der menschlichen Existenz zu erleichtern. Keine Frage, dass dies vielfach gelungen ist, wie jeder und jede Einzelne an seinem oder ihrem alltäglichen Leben überprüfen kann. Es steht aber ebenso außer Frage, dass Leben durch wissenschaftliche Entwicklungen in vielen Kleinigkeiten mühsamer geworden ist und man ohne ein minimales technisches Geschick und Können schnell auf verlorenem Posten steht. Was aus den Laboratorien und der industriellen Welt mit ihrer digitalen Elektronik dem Publikum an Informationen zugemutet wird, hat der Romancier Robert Musil in seinem „Mann ohne Eigenschaften" schon in den 1930er Jahren auf die Formel einer „unermesslichen Undurchsichtigkeit" gebracht, die „das Denkvermögen eines Leibniz überschritte". „Es steht nicht mehr ein ganzer Mensch einer ganzen Welt gegenüber, sondern ein menschliches Etwas bewegt sich in einer allgemeinen Nährflüssigkeit" und zerfließt. Ihm wird geantwortet: „In alle Gehirne hat sich das Verlangen gelegt, immer vernünftiger zu werden, mehr denn je das Leben zu rationalisieren und zu spezialisieren, und zugleich das Unvermögen, sich denken zu können, was aus uns werden soll, wenn wir alles erkennen, zerteilen, typisieren, in Maschinen verwandeln und normen. Es kann so nicht weitergehen." Die Menschen müssen zurück auf Los. Die Wissenschaft von der Natur sollte nicht von der Natur weg, sondern als Wendung – in der Wendezeit – zu ihr hin führen und ohne einen Willen zur Macht unternommen werden. Dann hätte die von ihr ausgehende und mit ihr mögliche Revolution einen Umlauf geschafft: Sie kann sich ein neues Ziel vornehmen. Vielleicht sollten die sich daran beteiligenden Menschen künftig nicht „Wissen ist Macht" denken, sondern sie sollten vielmehr „Wissen als Wert" betrachten.

Ulrich Duchrow

"Den Schmerz der Anderen begreifen" –
Kann es eine Wende zum Besseren in Palästina-Israel geben?

In Deutschland scheint die Meinung vorzuherrschen, dass, wer für PalästinenserInnen eintritt, gegen Israel sein muss, und wer für Israel eintritt, Feindschaft gegen die PalästinenserInnen hegt. Genau das Gegenteil ist richtig – sowohl im Blick auf die Geschichte wie auf die Zukunft gesehen. Nur gemeinsam haben beide Völker eine Zukunft. Für eine solche alternative Wahrnehmung steht die Formulierung *"Den Schmerz der Anderen begreifen"*. Sie stammt aus einer neuen Forschungsrichtung, in Deutschland repräsentiert durch das Buch von Charlotte Wiedemann mit dem Titel *Den Schmerz der Anderen begreifen. Holocaust und Weltgedächtnis*[1]. Es ist ein Zeichen der Hoffnung, dass dieses Buch nicht nur in Deutschland erscheinen konnte, sondern sogar von der Bundeszentrale für politische Bildung aufgegriffen wurde.[2] Wiedemann kritisiert offen die Gedenkkultur in Deutschland. „Jüdische Geschichte wird auf Zionismus verengt". Die historische und aktuelle Vielfalt des Judentums werde nicht wahrgenommen. „Offensichtlich gibt es ein deutsches Bedürfnis, sich mit Israel und dem Zionismus auf eine so unbedingte Weise zu identifizieren, dass anders meinenden Juden gesagt werden darf, sie seien für eine neue ‚Endlösung'"[3]. Dagegen setzt sie „den Schmerz der Anderen begreifen" – den der PalästinenserInnen und jüdischen Israelis gegenseitig.

---

[1] Wiedemann, Ch.: Den Schmerz der Anderen begreifen. Holocaust und Weltgedächtnis. Berlin 2022
[2] Bundeszentrale für politische Bildung. Bonn 2022.
[3] Wiedemann, Ch.: Den Schmerz der Anderen begreifen. Holocaust und Weltgedächtnis. Berlin 2022, S. 255.

Nicht nur viele Juden und Jüdinnen in und außerhalb des Staates Israel verdrängen die Erinnerung an die *Nakba*[4], sondern auch Deutsche, die sich durch die bedingungslose Identifizierung mit dem zionistischen Israel von ihrer Geschichte reinwaschen wollen. Umgekehrt sehen auch viele PalästinenserInnen den Holocaust, für den sie nicht verantwortlich sind, aber deren Preis sie bis heute zahlen müssen, nur als Mittel, ihre Enteignung und Unterdrückung zu rechtfertigen[5].

Es geht aber zentral darum zu begreifen, dass Juden, Palästinenser und Deutsche eine gemeinsame Geschichte haben, die sie gemeinsam erinnern und in ihrer historischen Verflochtenheit begreifen müssen. Nur so kann verhindert werden, dass die Traumata den Weg in eine gemeinsame Zukunft blockieren. Das aber wäre fatal, denn nur gemeinsam haben die beiden Völker eine Zukunft. Genau dies wird aber in der offiziellen deutschen Erinnerungskultur ausgeblendet, indem man durch die einseitige Konzentration auf den exklusiv verstandenen Holocaust versäumt, auch auf das Narrativ der hier lebenden 200 000 PalästinenserInnen zu hören[6]. Wiedemann zielt auf ein Erinnern „für eine Welt, in der es keine Hierarchie von Leiderfahrungen mehr gibt und keinen Schmerz, der nicht zählt" – auf eine „Kultur der Solidarität"[7].

Sie greift dabei zurück auf ein grundlegendes Buch aus Israel, verfasst von dem palästinensischen Israeli Bashir Bashir und dem jüdischen Israeli Amos Goldberg: *The Holocaust and the Nakba A New Grammar of Trauma and History.*[8] Sie und ihre Mit-AutorInnen untersuchen, wie und warum der Holocaust und die Nakba miteinander verknüpft sind, ohne die grundlegenden Unterschiede zwischen ihnen zu verwischen. Während diese beiden grundlegenden Tragödien oft getrennt und abstrahiert von den konstitutiven historischen globalen Kontexten des Nationalismus und

---

[4] Nakba: Laufender Prozess der Entrechtung des palästinensischen Volkes. https://de.wikipedia.org/wiki/Nakba

[5] Wiedemann, Ch.: Den Schmerz der Anderen begreifen. Holocaust und Weltgedächtnis. Berlin 2022, S. 234f.

[6] Ebd., S. 240.

[7] Ebd. S. 280.

[8] Neiman, S., Bashir, B., Goldberg, A., Wiedemann, Ch.: Understanding the Pain of Others - The Holocaust, the Nakba and German Memory Culture. New York 2018.
https://www.einsteinforum.de/veranstaltungen/den-schmerz-der-anderen-begreifen/.

Kolonialismus diskutiert werden, untersucht *The Holocaust and the Nakba* die historischen, politischen und kulturellen Überschneidungen zwischen ihnen. Die Mehrheit der AutorInnen in dem Buch argumentiert, dass diese Überschneidungen in kulturelle Vorstellungen, koloniale und asymmetrische Machtverhältnisse, Realitäten und Strukturen eingebettet sind. Die Fokussierung auf sie ebnet den Weg für eine neue politische, historische und moralische Grammatik, die ein gemeinsames arabisch-jüdisches Zusammenleben ermöglicht und die historische Versöhnung in Palästina-Israel unterstützt.

In diesem Buch geht es nicht darum, eine Parallele oder einen Vergleich zwischen dem Holocaust und der Nakba zu ziehen oder lediglich einen "Dialog" zwischen ihnen zu eröffnen. Vielmehr sucht es nach einer neuen historischen und politischen Grammatik, um ihre komplizierten Überschneidungen in Beziehung zu setzen und zu erzählen. Das Buch enthält Beiträge prominenter internationaler Autoren, darunter ein Vorwort des libanesischen Schriftstellers Elias Khoury über die zentrale Bedeutung von Holocaust und Nakba für den Kampf der Menschheit gegen den Rassismus. The Holocaust and the Nakba ist die erste ausführliche und gemeinsame wissenschaftliche Behandlung dieser beiden konstitutiven Traumata.

Es ist eine Tatsache, dass in Deutschland durch den Holocaust die gewalttätige Form des Zionismus zur Herrschaft kam und somit im Zusammenhang zur Nabka steht. Der Westen drückte bei der militärischen Vertreibung von über 750000 PalästinenserInnen im Zuge der Staatenbildung beide Augen zu, wie neuere historische Studien in Israel aufgrund der Militärarchive nachgewiesen haben.[9]

Eine zweite Mitverantwortung ist ebenso klar, dass nämlich Israel nur deshalb die Besatzung und die Unterdrückung des palästinensischen Volkes umsetzen kann, weil der Westen, so die USA, aber auch Deutschland, dieses unterstützt. Israels Einbettung in das westliche Imperium ist die Bedingung dafür, dass der Staat seine Gewaltherrschaft straflos aufrecht erhalten kann. Was die Wenigsten wissen: vor 1967 hat Deutschland im Geheimen die Armee Israels aufgebaut[10]. Das heißt, daß Deutschland damit auch Mitverantwortung für die bis heute andauernde

---

[9] Pappe, I.: Ilan: Die ethnische Säuberung Palästinas. Frankfurt a.M. 2019.
[10] Marwecki, D.: Germany and Israel - Whitewashing and Statebuilding. London 2020.

völkerrechtswidrige Besetzung der palästinensischen Gebiete hat, Israel kann seine Kolonisierung der besetzten Gebiete und fortschreitende Entrechtung der PalästinenserInnen nur durchsetzen, weil die USA, Deutschland und auch die EU Israel gewähren lassen und es militärisch, politisch und finanziell unterstützen – trotz aller Lippenbekenntnisse in der Form von gelegentlichen Protesten.[11]

Der frühere Sprecher der Knesset, Avraham Burg, bringt es nach dem Rechtsruck in den Wahlen von 2022, dem Sieg faschistischer Parteien, auf den Punkt:[12]

„Nur der absolute Schutz Deutschlands und der Vereinigten Staaten steht noch zwischen Israel und der Anprangerung seiner politischen Verzerrungen. Nur dank des automatischen Vetos in den Vereinten Nationen ist es möglich, dass Israel der einzige Staat der westlichen Welt ist, der seit Jahrzehnten das demokratische Recht von Millionen Palästinensern verweigert, in den besetzten Gebieten Unrecht verübt und schlicht nicht versteht, warum ihn alle verurteilen."

In der UNO blockieren vor allem die USA jede Maßnahme zur Umsetzung von UNO-Beschlüssen, während sie gegen unliebsame Staaten auch ohne UNO-Beschluss Sanktionen aller Art verhängen. Außerdem geben Sie allein an Militärhilfe für die Besatzungsarmee jährlich 3.8 Mrd. US-Dollar. Deutschland gibt humanitäre und Entwicklungshilfe, ko-finanziert die Autonomiebehörde und nimmt so Israel die Kosten der Besatzung ab.[13] Es liefert sogar mit Steuergeldern teilfinanzierte U-Boote, die zu Atombomben-Abschussrampen umgebaut werden können, und lässt deutsche Soldaten von im Gazakrieg erprobten israelischen Soldaten im Häuserkampf trainieren, obwohl ein UNO-Verfahren gegen sie wegen Kriegsverbrechen läuft. Außerdem gibt es z. Zt. gemeinsame Vorhaben

---

[11] Hever, S.: Was bedeuten die ökonomischen Beziehungen zwischen Europa und Israel? In. Duchrow, U., Ulrich, H. G.: Religionen für Gerechtigkeit in Palästina-Israel - Jenseits von Luthers Feindbildern. Otterstadt, Speyer 2020, S. 185-192. Duchrow, U. (Hrsg.): Wie der Westen israelische Apartheid, Besatzung und Siedlerkolonialismus unterstützt. In: Kairos Palästina Solidaritätsnetz Deutschland (Hrsg.): Wie können Kirchen in USA und Europa helfen, Völkerrecht und Menschenrechte in Palästina/Israel durchzusetzen? Otterstadt 2022, S. 23-26.

[12] Burg, A.: Genug ist genug. In: Süddeutsche Zeitung 16.12.2022.

[13] Le More, A.: Killing with kindness: funding the demise of a Palestinian state. In: International Affairs 81. (2005), S. 981-999.

im Trainieren des Cyberkriegs. Zusammenfassend sagt der aus Israel stammende Ökonom Shir Hever[14]: „Es muss ganz klar gesagt werden, dass die israelische Apartheid ohne internationale Unterstützung nicht möglich gewesen wäre und nicht fortgesetzt werden könnte." Die Grundbedingung der Befreiung beider Völker zu einer gemeinsamen Zukunft ist die Widerstandskraft der PalästinenserInnen, aber den Türöffner haben die USA und Deutschland in der Hand.

Wenn irgend etwas Positives aus dem katastrophalen Gewaltausbruch seit dem 7. Oktober dieses Jahres hervorgehen sollte, dann die Einsicht, dass die beiden Völker *gegeneinander* keine Zukunft haben. Israels völkerrechtswidrige Besatzung und Gewaltherrschaft über das palästinensische Volk zerstört auch die israelische Gesellschaft von innen und wird nur weitere Gewalt gebären. Darum wäre jetzt der Moment, dass die USA und Deutschland begreifen müssen, dass sie die weitere Kooperation mit Israel an dessen Einhaltung von Menschenrechten und Völkerrecht binden müssen. Sie brauchten nicht einmal Sanktionen anzuwenden, sondern nur die Unterstützung von Völkerrechts- und Menschenrechtsverbrechen beenden.

Nicht nur PalästinenserInnen fragen jetzt übrigens, warum unsere Regierungen Sanktionen gegen Russland anwenden, wenn dieses ein anderes Land völkerrechtswidrig angreift und besetzt. Sie erinnern daran, dass sie dieses Schicksal seit 55 Jahren erleiden, ohne dass der Westen entsprechend reagiert hätte.

Es gibt z.Zt. zwei Modelle, nach denen eine gemeinsame friedliche Zukunft beider Völker vorstellbar ist. Das eine entspricht der Vision von Martin Buber, nämlich einen binationalen Staat mit gleichen Rechten für alle aufzubauen, wie heute vertreten von Omri Boehm[15]. Das andere Modell ist *ein* demokratischer Staat – natürlich ebenfalls mit gleichen

---

[14] Hever, S.: Was bedeuten die ökonomischen Beziehungen zwischen Europa und Israel? In: Duchrow, U., Ulrich, H. G.: Religionen für Gerechtigkeit in Palästina-Israel - Jenseits von Luthers Feindbildern. Otterstadt, Speyer 2020, S. 185-192; Duchrow, U., Ulrich: Wie der Westen israelische Apartheid, Besatzung und Siedlerkolonialismus unterstützt. In: Kairos Palästina Solidaritätsnetz Deutschland (Hrsg.): Wie können Kirchen in USA und Europa helfen, Völkerrecht und Menschenrechte in Palästina/Israel durchzusetzen? Otterstadt 2022, S. 25.

[15] Böhm, O.: Israel - Eine Utopie. Berlin 2020.

Rechten für alle, wie heute vertreten von Jeff Halper[16]. Beide Modelle werden sicher nicht von heute auf morgen funktionieren, weil es Zeit braucht, die Traumata wechselseitig zu bearbeiten. Viele gemeinsame palästinensisch-jüdische Initiativen arbeiten schon daran wie z.B. *The Parents Circle Families Forum.*[17] Hier vereinigen sich Menschen, die durch die jeweils andere Seite Kinder verloren haben. Sie begreifen den Schmerz der Anderen und tragen so auch zur Heilung ihres eigenen Traumas bei. An ihnen sollten sich die USA und Deutschland orientieren. Denn eine Überwindung des Gewaltsystems wird nur durch gleichzeitige Anstrengungen von innen und von außen möglich werden.

Der *Ökumenische Rat der Kirchen (ÖRK)* hat die Kirchen der Welt aufgefordert, die Berichte der Menschenrechtsorganisationen wie Amnesty International über Apartheid in Israel/Palästina zu studieren und zu einer Entscheidung zu kommen, wie ein gerechter Frieden in Nahost erreicht werden kann. In Deutschland nimmt das Kairos Palästina Solidaritätsnetz an diesem Prozess teil.[18] Es ist Mitglied eines weltweiten Netzwerkes mit Namen *Global Kairos for Justice.*[19] Es organisiert zusammen mit jüdisch-israelischen, palästinensischen und deutschen ReferentInnen Seminare für Kirchengemeinden und andere Interessierte[20]. Für diesen Prozess haben jüdische, palästinensische und internationale AutorInnen Broschüren und ein Buch erarbeitet.[21] Ziel dieses Prozesses ist, besonders in Deutschland ein Umdenken zu fördern, das eine gemeinsame Zukunft beider Völker unterstützt. Dieses Umdenken ist die Voraussetzung, um genügenden Druck auf die Regierung auszuüben, ihr Verhältnis zu Israel an Völkerrecht und Menschenrechte zu binden. Es bedarf einer deutlichen Zäsur, um möglichst bald zu einer Wende zum Besseren in Palästina-Israel zugelangen.

---

[16] Halper, J.: Decolonizing Israel, Liberating Palestine. Zionism, Settler Colonialism, and the Case for One Democratic State. London 2021.
[17] https://www.theparentscircle.org/en/pcff-home-page-en/.
[18] https://kairoseuropa.de/kairos-palaestina-solidaritaetsnetz/.
[19] https://www.facebook.com/globalkairosforjusticecoalition/.
[20] https://kairoseuropa.de/wp-content/uploads/2023/01/KPS-Einladung-vierteiliges-Seminar-2-S.pdf.
[21] https://kairoseuropa.de/wp-content/uploads/2023/08/KPS-Flyer-Buch-4-Broschueren-FINAL.pdf.

Ulrich Kronauer

Das Erdbeben von Lissabon erschüttert die Aufklärung
Katastrophen als Zäsur damals und heute

Das Wort Katastrophe, altgriechisch katastrophé „Wendung", weist darauf hin, dass es sich bei einem mit ihm bezeichneten Ereignis um ein folgenreiches Geschehen handelt oder gehandelt hat. Im Folgenden versuche ich an drei Beispielen zu zeigen, wie solche Katastrophen als ‚bittere ‚Erfahrungen' interpretiert werden, die Menschen elementar verunsichern, ihr Welt- und Selbstverständnis in Frage stellen können. Das erste Beispiel ist Goethes Beschreibung des Erdbebens von Lissabon, das man als eine der großen Katastrophen des 18. Jahrhunderts bezeichnet hat. Bei dem zweiten Beispiel geht es um einen Kommentar des philosophischen Schriftstellers Philipp Blom zur Coronapandemie. Im dritten Beispiel wird eine bemerkenswerte Äußerung des Bundespräsidenten aus seiner diesjährigen Weihnachtsansprache vorgestellt.

Goethe beschreibt in „Dichtung und Wahrheit" die Wirkung des „außerordentlichen Weltereignisses" auf ihn als sechsjährigen Knaben, dessen Gemütsruhe „zum ersten Mal im tiefsten erschüttert" wurde.
„Am ersten November 1755 ereignete sich das Erdbeben von Lissabon und verbreitete über die in Frieden und Ruhe schon eingewohnte Welt einen ungeheuren Schrecken. Eine große prächtige Residenz, zugleich Handels- und Hafenstadt, wird ungewarnt von dem furchtbarsten Unglück betroffen. Die Erde bebt und schwankt, das Meer braust auf, die Schiffe schlagen zusammen, die Häuser stürzen ein, Kirchen und Türme darüber her, der königliche Palast zum Teil wird vom Meere verschlungen, die geborstene Erde scheint Flammen zu speien … Sechzigtausend Menschen, einen Augenblick zuvor noch ruhig und behaglich, gehen miteinander zugrunde … Die Flammen wüten fort, und mit ihnen wütet eine Schar sonst verborgener und durch dieses Ereignis in Freiheit gesetzter

Verbrecher. Die unglücklichen Übriggebliebenen sind dem Raube, dem Morde, allen Mißhandlungen bloßgestellt; und so behauptet von allen Seiten die Natur ihre schrankenlose Willkür."

Die Wirkung der Katastrophe beschreibt Goethe mit meisterlicher Eindringlichkeit: die Menschen fühlen sich einer unberechenbaren, feindseligen Macht ausgesetzt. Die Natur zeigt sich plötzlich von einer Seite, die man bisher nicht gekannt hat, und selbst die menschliche Natur kehrt, in Gestalt freigesetzter Verbrecher, ihre abschreckendste Seite hervor. Das Gefühl einer elementaren Sicherheit, eine optimistische Weltsicht, der Glaube an einen gütigen Schöpfergott waren erschüttert worden. „Der Dämon des Schreckens" hat, so Goethe, „zu keiner Zeit so schnell und so mächtig seine Schauer über die Erde verbreitet", wie damals[1].

Der Schriftsteller Philipp Blom hat Ende des Jahres 2020 im Deutschlandfunk Überlegungen zur Coronakrise angestellt unter dem Titel „Was wir vom Erdbeben in Lissabon 1755 lernen können". Er sieht eine Entsprechung zu der Coronapandemie, denn auch dabei fand eine elementare Verunsicherung statt. Legte die Debatte um das Erdbeben von Lissabon „ihren Finger in eine tiefe Wunde des aufgeklärten Denkens, nämlich die Unvereinbarkeit eines rationalen, guten Gottes mit einer Welt voller Grausamkeit und sinnlosem Leid", so wird „aus dem freien, rationalen, nach außen hin abgeschlossenen und souveränen Individuum der Aufklärung, der den biblischen Herrn der Schöpfung beerbt" infolge der Pandemie „ein völlig anderes Wesen, ansteckend, anfällig, verstrickt, widersprüchlich, leicht überfordert".

Blom schließt: „Das Coronavirus erinnert uns daran, dass die Vorstellung vom Menschen als Krönung der Schöpfung eine buchstäblich fromme Fiktion ist. Es zeigt: wir stehen nicht außerhalb der Natur und nicht über ihr, wir sind mittendrin. Wir sind nicht die Krone der Schöpfung, sondern ein Primat, der vom Aussterben bedroht ist. Auch dieser Einsicht könnte ein philosophisches Erdbeben folgen."[2]

Abschließend möchte ich Ihnen noch einen Passus aus der Weihnachtsansprache 2023 von Bundespräsident Steinmeier vorstellen, die so denke ich, gut zu unserem Thema passt.

---

[1] Goethe Werke in sechs Bänden, Bd, V. Frankfurt a.M., 1965, S. 28f.
[2] https://www.deutschlandfunkkultur.de/coronakrise-was-wir-vom-erdbeben
  -in-lissabon-1755-lernen-100.html

Der Bundespräsident berichtet: „'Ich schaue mir keine Nachrichten mehr an'. Wohl keinen Satz habe ich in diesem Jahr so oft gehört wie diesen. Wo immer ich unterwegs war: Immer wieder haben mir die Menschen von diesem Gefühl erzählt und ihrem Bedürfnis, lieber auszuschalten, als die bedrückende Weltlage jeden Tag aufs Neue an sich heranzulassen. Liebe Landsleute, ich verstehe, dass es manchmal einfach zu viel wird. Dass man am liebsten vor der Wirklichkeit in Deckung gehen möchte."

Er fährt fort: „In diesem Jahr hat sich die Welt in der Tat von ihrer dunklen Seite gezeigt. Wir haben Bilder von Leid und Zerstörung gesehen, Bilder von Hass und Gewalt. Der russische Angriffskrieg gegen die Ukraine geht nun schon in den zweiten Winter. Und seit Herbst sehen wir mit Entsetzen die Gräueltaten der Hamas und die Opfer des Krieges im Nahen Osten"[3]. Der Bundespräsident will seine Landsleute zu „Mut und Miteinander" aufrufen, trotz alledem. Der Aufklärer Voltaire hatte in seiner 1759 erschienenen bitteren Satire „Candide ou l'Optimisme" die Vorstellung von der besten aller möglichen Welten mit Bildern entsetzlicher Gräueltaten, mit der Inquisition, mit Krieg und Sklaverei konfrontiert, beendete sein Buch aber mit den Worten: „Il faut cultiver notre jardin". Man kann dies verstehen als Aufforderung, im Kleinen zusammenzuarbeiten, aber auch, nicht zu resignieren, trotz alledem.

Nachtrag: Den Eindruck, dass die Menschheit auf eine gewaltige, unabwendbare Katastrophe zusteuert, in einer Endzeit lebt, thematisiert eine Tagung, die von März bis Juli 2024 in Ludwigshafen im Ernst-Bloch-Zentrum stattfinden wird. Sie hat den Titel: „Hoffnungslos? Über Krise und Utopie". Von der Bedeutung der Hoffnung für das menschliche Zusammenleben handelt das in den 50er Jahren des letzten Jahrhunderts erschienene umfangreiche Hauptwerk von Ernst Bloch: „Das Prinzip Hoffnung". Die Hoffnung als Agens des Fortschritts wird zunehmend verdrängt durch eine apokalyptische Gegenwartswahrnehmung, die die Veranstalter der Tagung besonders bei jüngeren Menschen feststellen. Die Wirklichkeit, vor der man am liebsten in Deckung gehen möchte, stellt sich dar als Katastrophe, die zur Hoffnungslosigkeit führt.

---

[3] https://www.bundespraesident.de/SharedDocs/Reden/DE/Frank-Walter-Steinmeier/Reden/2023/12/231225-Weihnachtsansprache.html

Eine der Podiumsdiskussionen (am 18. April 2024) wird den Ursachen dieser Hoffnungslosigkeit nachgehen. „Vermittelt durch Wissenschaft und Medien entsteht das Bild einer geschlossenen, allumfassenden und scheinbar unabwendbaren Katastrophe. Ein Zustand der allgemeinen Hoffnungslosigkeit grassiert, der durchaus begründet ist und zu bestimmten Reaktionen in Politik, Kultur und Zivilgesellschaft führt."[4]

---

[4] https://www.bloch.de/veranstaltungen/detail?tx_calendarize_calendar%5Baction%5D=detail&tx_calendarize_calendar%5Bcontrler%5D=Calendar&tx_calendarize_calendar%5Bindex%5D=22850&cHash=3efd52699cdacf5a8819b596d599999e.

Hermes Andreas Kick

Zäsur als Trauma:
Anstoß zu Wendung und Wandlung

Ihre wohl intensivste entwicklungspsychologische Entsprechung findet Beziehung, als Entwicklungsgeschehen und Ausgestaltung von Trennung und Vertrautheit zugleich, in der Mutter-Kind-Dyade[1]. Mit dem Geburtsgeschehen und dem Kappen der Nabelschnur wird die frühe Dyade unterbrochen und gelangt sodann im Rahmen der nachgeburtlichen Reifung zur weiteren Ausdifferenzierung der Mutter-Kind-Beziehung. Beziehung lebt im Bewusstsein und im Rückbezug auf eine verlässliche Kontinuität, trotz Trennung, Wunde und Schmerz, trotz der „Erfahrung von Zäsur". In der Rede auf den Eros in Platos Symposion[2] erfahren wir, dass jegliche Sehnsucht immer eine ist über mich hinaus und einen vorgängigen Verlust zum Grunde hat. Zu solchem kam es durch Trennung eines Teils, eben durch eine Zäsur, die nachfolgend zu einer neuen „Unzertrennlichkeit" gerät, im weiteren in der Auseinandersetzung von Mutter und Kind Wachstum, in der Liebesbeziehung Entwicklung ermöglicht. Ob die Trennung, die Zäsur, zu einer reflektierten Unterscheidung führt, die ein je neues Sich-in-Beziehung-setzen der Teile ermöglicht, hängt davon ab, ob die Auseinandersetzung unter Aufrechterhaltung der Beziehung, elementare Grundlage wahrer Erkenntnis von Selbst und Welt, *ausgehalten* wird. Eine zäsurlose, sozusagen schmerzfreie Kommunikation zwischen Menschen über wirklich wesentliches kann es nicht geben.

Der Begriff der Zäsur wird soziologisch, politisch und wissenschaftsgeschichtlich meist so verstanden, dass sich einem Kontinuum natürlich bedingter und verständlich nachvollziehbarer, auseinander ableitbarer Abfolgen von Ereignissen Brüche zeigen, Diskontinuitäten abheben, die

---

[1] Fromm, E.: Die Kunst des Liebens (1956). Frankfurt a.M. 2003.
[2] Plato: Symposion (Eros-Rede des Aristophanes. Mythos des Kugelmenschen) Übersetzung von Susemihl, F.: 189c – 193e.

sich aus den bisher zugänglichen Erfahrungen und Vorannahmen nicht ohne weiters stringent ergeben. Das wirft Fragen auf nach dem Woher und dem Wohin, welche Vorbedingungen etwa sich erkennen lassen und was sich aus der Unterbrechung an Neuem entwickelt. Es liegt nahe zu versuchen, die Diskontinuität in einem Übergreifenden Regelwerk „einzufangen", bzw. erklärbar zu machen. Wissenschaftsgeschichtlich hat Gaston Bachelard[3] schon vor Thomas Kuhn[4] die Diskontinuität wissenschaftsgeschichtlicher Entwicklungen betont und dies mit einer Überforderung bisher gültiger Theoriebildungen durch das Anwachsen ungeklärter Probleme erklärt, die neue, gegebenenfalls revolutionär zu nennende Umordnungen und Weiterungen erforderlich machten.

Soziologen im Umkreis der französischen Existenzphilosophie haben daraus ihre Schlussfolgerungen gezogen für ihre personalen, gesellschaftlichen und politischen Konzeptbildungen. Im Zentrum steht auch hier die Akkumulation ungelöster Probleme, die als Überlebensfragen, die sie sind, keinen weiteren Aufschub zulassen und im Sinne einer existenziellen Situation als Grundlage künftiger Entwicklung Entscheidung fordern[5]. Eine so gefasste Konzeption von Zäsur als existenzieller Entscheidungsraum ist geeignet, den ganzen Ernst der grenzsituativen Hintergründe offen zu legen und zugänglich zu machen. Die in der Grenzsituation[6] offen gelegte conditio humana, die schmerzhaft erweiterte und vertiefte Erkenntnis von Person, Gesellschaft und Welt nämlich, soll die Fährlichkeiten des „Seins-Sprunges"[7] erfassen. Dieser soll nicht in den Untergang, sondern soll als Ergebnis der Auseinandersetzung mit der *Situation* der Zäsur hin zu einem *Überlebenskonzept*, einer neuen Ordnung führen.

So gefasst eröffnet das Verständnis von Zäsur als Krise und Grenzsituation die Möglichkeit, den Ansatz von Karl Jaspers für das Verständnis der Zäsur als Krise, unter Einschluss der präkritischen und postkritischen Entwicklung, heranzuziehen. Solche Wendungen gesellschaftlicher Gegebenheiten, Wandlungen der Person, beide, sind „ausnahmeartige"

---

[3] Bachelard, G.: Essai sur la connaissance approchée. Paris 1928. Bachelard spricht später von „coupure épistémologique".

[4] Kuhn, T.S.: Die Struktur wissenschaftlicher Revolutionen. Frankfurt a.M. 1967.

[5] Sartre, J.P.: L'être et le néant. Paris 1943.

[6] Jaspers, K.: Psychologie der Weltanschauungen. Berlin 1919.

[7] Voegelin, E.: Anamnesis. Zur Theorie der Geschichte und Politik. München 1966.

Entwicklungen, die in längerfristige, eher regelhaft ablaufende Prozesse eingelassen sind. Ihre Diagnose bedarf der Nähe und der Distanz des Betrachters, zugleich mit der Vision einer Überwindung und Heilung der kritischen Zäsur als epistemologische Voraussetzung. Diese stadienbezogene epistemologische bzw. Erkenntnisperspektive finden wir in der Beziehungsaufnahme von Person zu Person als Harmonie und Nähe, sodann im Weiteren als kreative Auseinandersetzungen aus der Position einer beziehungsfundierten Distanz und schließlich als ganzheitliche Erkenntnis des anderen um seiner selbst willen, in seinem Mit-Sein. Ein Blick auf die Distanzverhältnisse des Beziehungsgeschehens ist hilfreich und geboten, weil in der Konfrontation mit dem Schmerz der Nähe und dem Schmerz sehnsuchtsvoller Distanz Beziehungen scheitern und in persönliche Katastrophen münden oder aber auch auf eine erweiterte Entwicklungsstufe gelangen und gelingen können. Wenn die Begegnung trotzdem reift, könnte man von Begegnung unter erschwerten Bedingungen sprechen, von einem Begegnungsgeschehen, das trotz Verletzung und Schmerz gelingt. Karl Jaspers spricht von letzten Situationen, die, „obgleich im Alltag verborgen und nicht beachtet, unumgänglich das Ganze des Lebens bestimmen (wie Tod, Schuld, Kampf als Unausweichlichkeiten)". „Was der Mensch eigentlich ist und werden kann, hat seinen letzten Ursprung in der Erfahrung, Aneignung und Überwindung der Grenzsituationen"[8].

Was aber lässt Beziehungen nachhaltig, lebensdienlich und kreativ werden? Es sind dies vor allem die in der Auseinandersetzung um die schmerzenden Zäsuren aufgeworfenen Fragen nach einem verbindlichen, verbindenden, also gemeinsamen Sinn. Die Auseinandersetzung im „liebenden Kampf"[9] um den gemeinsamen Sinn mündet somit in die Frage nach der Wahrheit über sich selbst und die Welt; denn Wahrheit verbindet[10]. Bereits des Ringen um Wahrheit solidarisiert, stabilisiert die Beziehung auf Dauer und lässt Leben gelingen. Überraschend auftretende Diskontinuitäten und Zäsuren versetzen uns zunächst in Staunen, in Zweifel, lösen Irritationen aus. Sie bilden aber auch die Chance *erweiterter* und

---

[8] Jaspers, K.: Allgemeine Psychopathologie (1913). Berlin, Heidelberg, New York 1965, S. 271.
[9] Vgl.: Jaspers, K.: Philosophie II (1932). Berlin, Heidelberg, New York 1973, S. 65.
[10] Jaspers, K.: Wahrheit, Freiheit, Friede (Vortrag 1958). In: Wahrheit und Bewährung. Heidelberg 1983, s. 158 – 171.

vertiefter Beziehungsgestaltung und der Entdeckung eines neuen gemeinsamen Wertes[11].

Allerdings muss in Nüchternheit auch festgestellt werden, dass Zäsuren des Nichtverständlichen Beziehungen gefährden und gesellschaftliche Entwicklungen in die Spaltung führen können. Verwerfungen und Unterbrechungen im personellen und gesellschaftlichen Kontinuum des Verstehens sind kritisch, werden per se zu Krisen für die Beteiligten: Zäsuren führen vom initialen Staunen zu leidvollen, schmerzhaften Zweifeln und bei entsprechender Zunahme des dynamischen, beziehungsweise affektiven Druckes in die Verzweiflung. Damit ist aufgeworfen die Frage nach einem verbindenden, Solidarität und Gemeinschaft stiftenden Wert, als einem kommunikativen Symbol[12], das neue Verständigung über Abgründe und Zäsuren hinweg ermöglicht und zuvor nicht sichtbare Überlebensmöglichkeiten eröffnet.

Das Prozessgeschehen im Bereich von Grenzsituationen als Zäsur, als Situationen äußerster Gefährdung und einzigartiger Chancen der personalen Entwicklung, steht seit dem Erscheinen des Frühwerkes „Psychologie der Weltanschauungen"[13] (1919) im Zentrum der Auseinandersetzung um Hintergründe von Zäsuren, deren begriffliche Bewältigung und schließliche Überwindung. Überwindung heißt, daß die Angst der conditio humana aufgehoben ist, überwunden ist in einem lebensdienlichen kommunikativen Symbol. Darin liegt die Chance kreativer Weiterentwicklung über das Individuum hinaus, mit interaktionellen Auswirkungen auf die Institutionen und in die Gesellschaft hinein. Zur Beschreibung der präkritischen Ausgangslage zieht Karl Jaspers den Schlüsselbegriff des Gehäuses heran. Im „*Gehäuse*"[14] sind die Antinomien, die Unvereinbarkeiten der Existenz gleichsam unverbunden, insofern konfliktfrei nebeneinander. Diese Unverbundenheit, die Beziehungslosigkeit der Widersprüche, der Antinomien, im Gehäuse, bedeutet Werdenshemmung und Stagnation. Situative Änderungen, Perspektivenwechsel von

---

[11] Kick, H.A.: Grenzsituation und Wertebildung – eine prozessdynamische Interpretation nach Karl Jaspers. In: Engelhardt, D. von und Gerigk, H.-J. (Hrsg.): Karl Jaspers im Schnittpunkt von Zeitgeschichte, Psychopathologie, Literatur und Film. Heidelberg 2009, S. 87.
[12] Ebd.
[13] Jaspers, K: Psychologie der Weltanschauungen (1919). Heidelberg 1978.
[14] Ebd.

epistemologischen zu ontologischen Fragen werden zur Herausforderung, die das Gehäuse und damit die Stagnation aufbrechen. Der Bruch des Gehäuses läßt die Gegebenheiten hervortreten, wie sie sind, entbindet neue Möglichkeiten: „Unser Sein ist im Dasein wie auf zwei Mächte bezogen ist. Das Gesetz des Tages und die Leidenschaft zur Nacht"[15]. In der Erfassung und schließlichen Bewältigung der Antinomie von Tag und Nacht, der Polarität von Licht und Finsternis, eröffnet sich die Möglichkeit der existentiellen Kommunikation, der Gestaltung von Sinn in der Begegnung von Ich und Du. In dieser Begegnung geschieht Erhellung, die das Dunkel miteinschließt und so in der Annäherung an Wahrheit dem Leben dient. Dem Leben dienen nämlich beide, die „Leidenschaft zur Nacht", die alle Ordnungen durchbricht, und das „Gesetz des Tages", dass unser Dasein ordnet, indem es gebunden ist an Vernunft und Idee. Abstrakte philosophische Argumentation reicht nicht hin, um, ausgehend von den ungelösten Polaritäten und Antinomien des Gehäuses, über die Krise der Grenzsituation hinaus zu gelangen, zum gelebten Symbol der Versöhnung der Widersprüche, mehr noch, zu neuer existentieller Gestalt.

Das Herausgelangen aus dem Gehäuse ist Voraussetzung alles weiteren, konfrontiert zusätzlich mit schmerzlichen Traumen und biographischen strukturellen Verwerfungen. Das Bewältigen der daraus folgenden Grenzsituation zielt auf wesenhafte Erkenntnis[16], eröffnet existentielle Kommunikation[17], ermöglicht neuen Sinn[18] in der Begegnung von Ich und Du[19]. Begegnung wäre so Bewährung ganz im Sinne der Bewältigung und des *Gestaltens der Grenzsituation als Zäsur*. Im Aufbrechen des Gehäuses eröffnet sich die Grenzsituation, wird die conditio humana, einhergehend mit den sie begleitenden Urängsten offengelegt, wie sich dies nicht zuletzt aufgrund psychotherapeutischer Erfahrung gezeigt hat: „Jeder Kontakt – im Blick, in der Geste, im Wort, in der Arbeit, in der Sexualität – ist Grenzerfahrung und ist Eros ist ein Verschmelzungs- und

---

[15] Jaspers, K.: Philosophie III (1932). Berlin, Heidelberg, New York 1973, S. 102-124.
[16] Guardini, R.: Welt und Person. Versuche zur christlichen Lehre vom Menschen. Mainz 1988.
[17] Jaspers, K.: Allgemeine Psychopathologie. Berlin, Heidelberg, New York 1965, S. 668.
[18] Frankl. V. E.: Der Wille zum Sinn (1972). Bern 2005.
[19] Buber, M.: Urdistanz und Beziehung. Heidelberg 1951, S. 44.

Trennungserlebnis... Jede Begegnung birgt so mit der Grenze des anderen ein revolutionäres Prinzip – etwas potenziell Neues – in sich, weil sie die Zerstörung alter, und in einem Heilungs- und Entwicklungsprozess mitunter mächtiger Strukturen bewirkt, die je nach Qualität und Intensität todeserlebnishaft sein können"[20]. In dem so beschriebenen Liebes- und Begegnungsgeschehen ist ein Herausgelangen aus dem Gehäuse psychotherapeutisch und existentiell ebenso vorausgesetzt wie ein Transzendenzbezug als ein darüber hinaus. Begegnung ist so in besonderer Weise verantworteter Umgang mit dem Nichtverständlichen, mit der Zäsur, der Situation des Staunens, des Zweifels, der grenzsituativen Angst. Zäsuren lösen sich nicht einfach in verständliches Wohlgefallen auf. Es bleibt ein Rest von Unverständlichkeit, begleitet von Schmerz, vergleichbar dem, dem Trauma folgenden Wundschmerz eben, hervorgerufen durch die Zäsur als Caesura die ausgehalten sein will.

Das Herausgelangen aus dem Gehäuse in die Angst der Grenzsituation bezeichnet auch den Beginn der Kunst, einer Kunst jedenfalls, die im Kunstwerk nach Wahrheit fragt, diese sichtbar zu machen sucht und zum kommunikativen Symbol erhebt. Kunsttheoretisch bilden die so verstandenen Grenzsituationen als Zäsuren die großen existentiellen Chancen, aus der archaischen Mimesis des Mythos herauszugeraten in die Expression, in den Bruch des Bannes. Dadurch erst wird die Reflexion des Mythos ermöglicht um, in einen neuen, erweiterten Dialog zu gelangen mit sich selbst, der Welt und der Kunst als Transzendenz in der Immanenz. Der in dieser Weise „gebrochene Mythos"[21] ist reflektiertes Kunstwerk, Voraussetzung einer Annäherung an die Wahrheit, als Existenzerhellung.

Begibt sich der Mensch im Wagnis aus dem Gehäuse, ist er sogleich konfrontiert mit dem Spannungsfeld der Mächte: Die ontologische Dualität von Materialität und Geistigkeit und die epistemologische Dualität von Subjektivität und Objektivität brechen auf, werden in ihrer Unvereinbarkeit bis zur Verzweiflung deutlich, jedoch: In der Antinomie von Tag und Nacht gelangen die Dualitäten zum Austrag[22]. „Philosophie nimmt

---

[20] Schmitt, R.: Das ganzheitliche Prinzip in der humanstrukturellen Psychoanalyse Günter Ammons. In: Dynamische Psychiatrie.29. Jg. Heft 5-6 (1996), S. 317-345.

[21] Tillich, P.: Wesen und Wandel des Glaubens (1961). Frankfurt/Main 1975, S. 65.

[22] Jaspers, K.: Philosophie III (1932). Berlin, Heidelberg, New York 1973, S. 102-103.

die wahre Kunst in sich hinein, und stellt sie als eine Erfüllung über alles, was sie denkend leisten kann"[23]. Und: „Wenn Philosophieren an die Grenze der Wissbarkeiten und der Existenzerhellung tritt, in einen Raum, wo alles schwindet, dann hört es doch nicht ganz im Schweigen auf.... Es ist eine Welt schwer hörbarer Musik"[24]. Sind die Antinomien der Existenz erst einmal aufgedeckt, dann können Sie in einem künstlerischen Akt zum Austrag kommen. Im Werk gibt es ein Neues, Wichtigeres, Verbindendes, das in der Konfrontation mit den Diskontinuitäten und Zäsuren der Existenz hinzugewonnen werden kann. Konfrontation mit dem Ur-sprung, als Zäsur, führt zu reifer lebbarer Form, zum Kunstwerk[25].

Die Wunde, die „Caesura", die die biographische Entwicklung initial tragisch zäsuriert, markiert auf dem Weg ein kreatives Paradox, das zugleich trennt und neu verbindet. Kann also eine Zäsur, ein Trauma, zu versöhnender Begegnung, zu Wendung und Wandlung nicht nur beitragen, sondern geradezu Voraussetzung einer solchen sein?

Zu den Antinomien der Existenz gehört eben, dass lebensdienliche Entwicklungen, dass heilendes Geschehen ohne Caesura, ohne Trauma, ohne den „Biss des Realen"[26], nicht möglich ist. Auf dem betretenen Terrain sind epistemologische und ontologische Reflexions- und Aktionsfelder eröffnet, auf denen der Forscher im Wissenschaftsbetrieb zuweilen in Gefahr steht, kurzschlüssigen methodischen, zeitgeistigen und politischen Versuchungen nachzugeben. Zu spüren ist auch, dass die in der Auseinandersetzung mit der Widerständigkeit des Konkreten, des Gehäuses, sich auftuenden existenziellen Zäsuren, als Wunden, jeweils etwas schwer vorhersehbares doppeltes umgreifen: Zum einen das Risiko, in eine noch komplexere Verdeckungsstrategie[27] zu geraten, und zum

---

[23] Jaspers, K.: Philosophie III (1932). Berlin, Heidelberg, New York 1973, S. 102-103.
[24] Jaspers, K.: Mein Weg zur Philosophie. Radio Vortrag 1951. In: Rechenschaft und Ausblick. München 1958, S. 29
[25] Heidegger, M.: Der Ursprung des Kunstwerks (1935). Stuttgart, Frankfurt a.M. 1982.
[26] Marcel, G.: Leibliche Begegnung- Notizen aus einem gemeinsamen Gedankengang. In: Krause, A. (Hrsg.): Medizin im Wandel - Leib- Geist – Geschichte - Brennpunkte anthropologischer Psychiatrie. Heidelberg 1978, S. 50.
[27] Kick, H. A.: Grenzsituationen, Krisen, Kreative Bewältigung: Prozessdynamische Perspektiven nach Karl Jaspers. Heidelberg 2015, S. 210: Komplement von Welt. S. 104.

anderen die Chance, durch Erfassen der Conditio humana zum eigentlichen Existieren[28], zum Selbstsein im Wiederfinden der konzentrischen Lebensbahn[29] zu gelangen. Am Ort der Wunde, der Caesura, der Grenze, laufen die Erfahrungen aus unterschiedlichen Aktions- und Erkenntnisfeldern zusammen, stimulieren künstlerische Imagination und wissenschaftliche Reflexion, die über die Zäsur hinausweisen und zu Wendung und Wandlung als jenem höheren Sein führen.

---

[28] Jaspers, K.: Allgemeine Psychopathologie. Berlin, Heidelberg, New York 1965, S. 275.
[29] Schmitt, W.: Versöhnung als Therapieziel. Aspekte einer anthropologischen Psychotherapie. In: Kick, H.A., Dietz, G.: Trauma und Versöhnung, Heilungswege in Psychotherapie, Kunst und Religion. Berlin 2010, S. 320.

Bernhard Kretschmer

Sanktionierung des Schwangerschaftsabbruchs:
Geschichte, Wendezeiten und Grundsatzfragen

Einführung

In diesem Band geht es um Wendezeiten und Zäsuren. Dabei wissen wir um Momente, in denen eigene und fremde Leben eine ungeahnte Wendung nehmen, sei es wegen einer Begegnung, die unter anderen Umständen hätte flüchtig sein können, infolge Unachtsamkeit, die bei sonstiger Gelegenheit folgenlos geblieben wäre, oder aufgrund einer Nachricht, die scheinbar aus dem Nichts kommt. Zu den Geschehnissen, die derart Schicksale formen, kann auch eine Schwangerschaft zählen. Mit ihr erfüllt sich für die einen das familiäre Glück, während bei anderen daran der Lebensentwurf zerbricht. Im Guten wie im Schlechten ist eine Schwangerschaft ein besonderes Ereignis, das (nicht nur) für die betroffenen Frauen eine bedeutsame Zäsur in ihrem Leben darstellt.

Grosso modo entscheidet sich ungefähr jede achte Schwangere dazu, das Kind nicht auszutragen. Kriminologisch oder medizinisch begründete Abbrüche sind selten, statt ihrer sind in über 95 % der Fälle soziale oder sonstige Gründe ausschlaggebend. Bei allem Verständnis, welches der Frau in einer möglichen Konfliktlage entgegengebracht wird (oder auch nicht), sehen die wenigsten Menschen im Abbruch eine wertneutrale Handlung. In den Anschauungen der meisten ist die Beendigung einer Schwangerschaft intrikat, weil dies zwangsläufig damit verbunden ist, ungeborenes Leben zu töten. Die moralische, ethische und juristische Bewertung dieses Geschehens ist umstritten, unterliegt aber durchaus geschichtlichem Wandel. Die damit verbundenen Fragen stellen sich in jeder Generation erneut, ohne dass stets neue Antworten gefunden werden müssten.

Als die sog. Ampelkoalition im Dezember 2021 in die Regierungsverantwortung trat, erfolgte das auf Grundlage des Koalitionsvertrages „Mehr Fortschritt wagen". Darin wurde die Einsetzung einer „Kommission zur reproduktiven Selbstbestimmung und Fortpflanzungsmedizin" vereinbart, welche „Regulierungen für den Schwangerschaftsabbruch außerhalb des Strafgesetzbuches" prüfen sollte.[1] Das sodann von der Bundesregierung berufene Gremium konstituierte sich im März 2023 und legte ein Jahr später seinen Abschlussbericht vor.[2] Befürwortet wird darin eine strafrechtliche Liberalisierung, wobei nicht übersehen werden darf, dass Freiheit von Strafe hier auch heißt, den normativen Schutz für ungeborenes Leben abzubauen. Ob darin ein Wegzeichen einer Wendezeit liegt, ist nicht ausgemacht und einer künftigen Rückschau vorzubehalten. Derlei Aktivitäten geben aber Anlass, für das geschichtlich gewachsene Phänomen der Abtreibung frühere Bruch- und Wendepunkte zu identifizieren, die für die heutige Einordnung wichtig sein könnten.

Streiflichter

Freilich kann es an dieser Stelle nicht darum gehen, die Entwicklungslinien des Schwangerschaftsabbruchs im Detail nachzuzeichnen. Vielmehr müssen wir uns im Folgenden mit Streiflichtern bescheiden, die weniger genau sind, zugleich aber den Blick aufs Ganze erhalten, indem sie Komplexität reduzieren. Im heiklen Themenfeld soll das eine kritische Betrachtung und Reflexion ermöglichen, die eigene Annahmen und Vorurteile überdenken lässt, um diese je nachdem zu bestätigen oder zu revidieren.

Römisches Recht und germanische Volksrechte

Da es um Wendezeiten gehen soll, drängt sich auf, mit der Zeitenwende zu beginnen: Dabei soll es freilich um mehr gehen als die wortspielerische Umkehrung eines Kompositums. Zu bedenken ist, dass schon die Geburt Christi von thematischem Einschlag ist, weil ihr die Schwangerschaft

---

[1] S. 116 des Vertrages.
[2] https://www.bmfsfj.de/resource/blob/238402/c47cae58b5cd2f68ffbd6e4e988f9 20d/bericht-kommission-zur-reproduktiven-selbstbestimmung-und-fortpflanzungsmedizin-data.pdf.

einer jungen, (zunächst noch) unverheirateten Frau vorausging. Solcherlei soziale Verhältnisse waren damals und sind bis heute lebenskritische Umstände für ungeborenes (mitunter auch neugeborenes) Leben. Allerdings soll uns die Assoziation nicht zur biblischen Betrachtung der Abtreibung führen, auch wenn dies ergiebig sein könnte. Noch weniger soll es um den theologischen Disput zur Jungfräulichkeit Mariens gehen und wie in diesem Kontext etwa das hebräische Wort „alma" exegetisch zu deuten ist. Vielmehr soll die zeitliche Verortung zur Zeitenwende den Bogen zum römischen Recht schlagen, das seinerzeit und für lange Zeit die damals bekannte Welt dominierte und über seine Rezeptionsgeschichte bis ins geltende Recht ausstrahlt. Denn durchaus zu Recht wird unser Bürgerliches Gesetzbuch, welches 1900 nach langen Vorarbeiten in Kraft trat, als „in seinem letzten Kern ein in Gesetzesparagraphen gegossenes Pandektenkompendium" verstanden.[3]

Ziehen sich römisch-rechtliche Traditionen bis in das heutige Zivilrecht, gilt das wenig für die Wertungen des römischen Familien- und Strafrechts, die längst überholt sind. Von thematischem Interesse sind sie gleichwohl, weil sie erhellen, dass der heutige Blick auf den Schwangerschaftsabbruch keineswegs selbstverständlich oder gar ubiquitär ist. Für das römische Recht galt das Kind bis zur Geburt als Teil der Frau, bildlich gleich dem Apfel, der zum Baum gehört, solange er nicht gepflückt ist.[4] Das mag an den feministischen Schlachtruf „Mein Bauch gehört mir" denken lassen,[5] doch stand das römische Recht dem denkbar fern. Denn lange war die Frau dem Pater familias untergeordnet, der die Strafgewalt über sie ausübte und dem die Frau mit dem Kind „gehörten".[6] Bestraft wurde die Abtreibung – wenn sie denn gewollt war – nach der Willkür des männlichen Familienoberhauptes, ohne dass dies im Staatswesen von höhergeordnetem Interesse gewesen wäre, auch wenn sich das später im

---

[3] So das oft rezipierte, freilich kritisch gemeinte Bonmot von *Otto Gierke*. In: Der Entwurf eines Bürgerlichen Gesetzbuchs und das deutsche Recht. Leipzig 1889, S. 2.

[4] Vgl. Jerouschek, G.: Lebensschutz und Lebensbeginn. Die Geschichte des Abtreibungsverbots, Tübingen 2002, S. 29 ff.; Jütte, R.: Griechenland und Rom. Bevölkerungspolitik, Hippokratischer Eid und antikes Recht. In: Jütte, R.: Geschichte der Abtreibung, München 1993, S. 27, 37 f.

[5] Vgl. dazu Garton, J.: Mein Bauch gehört mir! Manipulation durch Sprache im Kampf um die Abtreibung, Aßlar-Berghausen 1991.

[6] Vgl. Jerouschek , S. 32 f.; vgl. Jütte, S. 42 f.

Kaiserreich aus bevölkerungspolitischen Gründen ändern sollte. Zugleich stand es dem Familienoberhaupt lange Zeit frei, unleidige Neugeborene zu töten oder auszusetzen (was dann auf ein Leben in Sklaverei hinauslief, wenn jemand das Kind aufnahm). Gewiss wurde schon damals über Abtreibung räsoniert, doch erfolgte das weithin außerhalb des Rechts.[7] Zu erwähnen sind hier auch die Kirchenväter, die Abtreibung zwar als Mord bewerteten, aber uneins waren, ab wann das gilt.[8] Stellte Tertullian um 200 auf die Zeugung als Beginn der Schwangerschaft ab,[9] weil die Seele sogleich einflösse (Simultanbeseelung), folgte Augustinus (354-430) der aristotelischen Lehre von der Sukzessivbeseelung, die nach pflanzlicher, tierischer und Vernunftseele unterschied sowie nach dem Geschlecht.[10] Während der männliche Fötus schon nach 40 Tagen beseelt werde (übrigens eine Zeitangabe, die auch in der Bibel häufig vorkommt), sollte das beim weiblichen Fötus erst nach der doppelten Zeit der Fall sein.

Als schließlich das oströmische Kaiserreich mit dem Fall von Konstantinopel und dem Tod Konstantins XI. (1453) sein Ende fand, war die weströmische Kaiserherrschaft bereits ein Jahrtausend vorbei. Das dort entstehende Machtvakuum hatten vor allem die germanischen Stammesverbände gefüllt, die ihr eigenes (Gewohnheits-) Recht lebten, wiewohl dieses infolge jahrhundertelangen Austausches nicht (mehr) frei von römischen, dann auch christlichen Einflüssen war. Die germanischen Volks- bzw.- Stammesrechte (leges barbarorum), die in und seit dieser Zeit verschriftlicht wurden, regelten auch die Abtreibung, dies aber eigentlich nur als Fremdabtreibung.[11] Denn kam eine schwangere Frau zu Schaden, musste der (freie) Schädiger eine viel höhere Ablöse (compositio) zahlen, als dies sonst der Fall gewesen wäre.[12] Bezweckt war hiermit

---

[7] Vgl. Jerouschek, S. 30.
[8] Vgl. Jerouschek, S. 34 ff.; Schirrmacher, T.: Die Abtreibung in der Antike und ihre Ablehnung durch die christliche Kirche. In: factum 01/1994, S. 23 ff.
[9] Vgl. Jerouschek, S. 37 f.
[10] Vgl. Jerouschek, S. 25 ff., 39 ff.; Jütte, S. 31 f.
[11] Abweichend die westgotischen Lex Visigothorum (VI, 3), was aber bereits unter christlich-römischer Prägung insbes. im Nachgang zum 3. Konzil von Toledo (589) erfolgte vgl. dazu Jerouschek, S. 50 ff.; Jerouschek.: Buße, Strafe und Ehre im frühen Mittelalter. Jerouschek, Rüping: „Auss liebe der gerechtigkeit vnd umb gemeines nutz willennn", Tübingen 2000, S. 13, 19 f..
[12] Vgl. Jerouschek, S. 48 f.

nicht der Schutz des Kindes, sondern des Mannes bzw. seiner Familie auf das Kind. Selbstabtreibungen kamen im Sippenverband offenbar selten vor. Soweit es doch dazu kam, galt hier wie auch sonst die sog. Munt des männlichen Oberhaupts, also dessen Herrschaft, was sich wortrezent beim Vormund findet. Was den patriarchalischen Zugriff angeht, waren römisches Recht und germanische Rechte also durchaus konvergent.

Mittelalterliches Recht

Angelangt sind wir damit im Mittelalter, welches gemeinhin auf den Zeitraum von ungefähr 500 bis 1500 taxiert wird. Dabei waren der Übergang von der Antike zum Mittelalter und sodann zur Neuzeit freilich keine echten Zäsuren, wie auch die genannten Epochen keineswegs statisch waren. Das gilt auch für die Kirche, die im Frühmittelalter noch Fuß fassen musste, bevor das Papsttum im Hochmittelalter im Zenit stand, ehe es im Spätmittelalter in wiederholte Krisen geriet. Hier ist zu sehen, dass das kanonische Recht die Abtreibung stets als Sünde begriff, wie das schon die Kirchenväter bewertet hatten.[13] Jedoch blieb umstritten, ob auf den Beginn der Schwangerschaft, eine erst später erfolgende Beseelung oder die Gottesebenbildlichkeit abzustellen sei. Besondere rechtliche Bedeutung kommt dabei dem Decretum Gratiani (um 1140) zu, einer Sammlung des Kirchenrechts, die erst 1917 vom Corpus Iuris Canonici (CIC) abgelöst wurde. Das Decretum folgte – wie vor ihm Augustinus – der Idee der Sukzessivbeseelung, wie das im Jahrhundert darauf auch von Thomas von Aquin postuliert werden sollte.[14] Wiewohl dieser Ansatz theologisch (und auch päpstlich) im Streit blieb,[15] galt er fort, bis Pius IX. ihm entgegentrat und mit der Bulle „Apostolicae sedis moderationi" vom 12.10.1869 eindeutig auf die Zeugung abstellte, mithin die Simultanbeseelung postulierte, was ins katholische Kirchenrecht übernommen wurde und dort bis heute gilt.

In das weltliche Recht sind diese Überlegungen aber zunächst nicht übertragen worden.[16] So findet sich im Sachsenspiegel (um 1225), dem berühmtesten Rechtsbuch des Mittelalters, in dem das damalige Gewohnheitsrecht niedergeschrieben war, keine Regelung zur Abtreibung. Doch

---

[13] Vgl. Jerouschek, S. 54 ff., 62 ff.
[14] Vgl. Jerouschek, S. 62 f., 73 ff.
[15] Vgl. Jerouschek, S. 63 ff., 122 ff., 137 ff.
[16] Vgl. Jerouschek, S. 53 f.

selbst wenn in dieser ein Unrecht zu sehen war, führte das aufgrund des damaligen Verfahrensrechts nicht zu einer effektiven Strafverfolgung. Denn es gilt zu sehen, dass das weltliche Recht für lange Zeit dem germanischen Rechtsgang folgte. Eine staatliche Strafverfolgung, wie sie uns heute geläufig ist, war damals noch nicht etabliert. Vielmehr galt das Parteiverfahren mitsamt dem Akkusationsprinzip, wonach der Verletzte bzw. seine Familie selbst (an)klagen mussten. Bekannt ist der Ausspruch: „Wo kein Kläger, da kein Richter", der sich sinngemäß auch im Sachsenspiegel fand.[17] Wenn man sein Recht nicht selbst in die Hand nahm, musste man es eigens vor Gericht bringen. Was jedoch für Körperverletzung, Totschlag und Sachbeschädigung sinnhaft war, konnte für den Schwangerschaftsabbruch durch Ledige oder Prostituierte kaum Bedeutung gewinnen, weil sich da niemand mit Klagebefugnis fand. Das gilt zumal vor dem prozessual-rechtlichen Hintergrund, dass ein privater Ankläger stets ins Risiko ging, weil er im Falle der Nichtverurteilung eigens Gefahr lief, wegen der nicht erwiesenen Verdächtigung bestraft zu werden.

Neuzeit

Hatte die Bestrafung des Schwangerschaftsabbruchs im Mittelalter keine besondere Bedeutung, änderte sich das mit der Wende zur Neuzeit. Ab etwa 1500 entstand mehr und mehr eine echte Staatlichkeit, was auch auf den Rechtsgang durchschlug. Bis dahin waren Rache und Fehde gang und gäbe,[18] wenngleich sich kirchliche und weltliche Obrigkeit mithilfe von Gottes- und Landfrieden schon länger um deren Begrenzung bemüht hatten, indem sie bestimmte Wochentage oder Örtlichkeiten friedlich

---

[17] Ldr. I, Art. 62 § 1: „Man ne sal niemanne dvingen to nener klage, der he nicht begunt ne hevet. Manlik mut sines scaden wol svigen de wile he wel.". in der Übertagung durch Ruth Schmidt-Wiegand: „Man soll niemanden zu irgendeiner Klage zwingen, die er nicht bereits erhoben hat. Denn jeder kann seinen Schaden verschweigen, solange er will.". In: Repgow, E. v., Schott, Ch. (Hrsg): Der Sachsenspiegel, 3. Aufl. Zürich, S. 83.

[18] Vgl. dazu Meyer, Ch.: Fremde, Feinde, Fehde: Funktionen kollektiver Gewalt im Frühmittelalter. In: Weitzel (Hrsg.): Hoheitliches Strafen in der Spätantike und im frühen Mittelalter. Köln 2002, S. 211 ff.; Schild, W.: Fehde und Gewalt im Mittelalter. Anmerkungen zur mittelalterlichen Friedensbewegung und Gewaltentwicklung. In: Gehl, R. (Hrsg.): Leben im Mittelalter, Bd. 2. Weimar 1998, S. 95-174.

stellten. Als 1495 endlich der Ewige Landfriede verkündet wurde, war damit das staatliche Gewaltmonopol begründet, wobei die Friedenspflicht freilich nur durchzusetzen war, wenn die Obrigkeit auch eine verlässliche Rechtsdurchsetzung implementiert, was nicht zuletzt die Einrichtung des Reichskammergerichts beinhaltete. Infolgedessen trat an diese Stelle des Parteiverfahrens das Inquisitionsprinzip, welches aus dem gelehrten italienischen sowie dem kanonischen Recht übernommen wurde. Zuständig für die von Amts wegen erfolgende Erforschung des strafrechtlich relevanten Geschehens war alsdann der Richter (wohingegen Staatsanwaltschaften noch unbekannt waren, sie wurden erst im 19. Jahrhundert eingerichtet).

Dieser Wandel erfasste auch das materielle Recht, als 1532 mit der sog. Carolina (genauer: „Peinliche Halsgerichtsordnung Kaiser Karls V." – Constitutio Criminalis Carolina, CCC) zugleich ein reichsweites Strafgesetzbuch verabschiedet wurde. Geregelt war hier auch der Schwangerschaftsabbruch, nämlich zur „Straff der jhenen so schwangern weibßbildern kinder abtreiben.[19] Es heißt in Art. 133:

„Item so jemandt eynem weißbild durch bezwang, essen oder drincken, eyn lebendig kindt abtreibt, [wer auch mann oder weib vnfruchtbar macht], so solch übel fürsetzli-cher vnd boßhafftiger weiß beschicht, soll der mann mit dem schwert, als eyn todt-schläger, vnnd die fraw so sie es auch an jr selbst thette, ertrenckt oder sunst zum todt gestrafft werden. So aber eyn kind, das noch nit lebendig wer, von eynem weibß-bild getriben würde, sollen die vrtheyler der straff halber bei den rechtuerstendigen oder sunst wie zu end diser ordnung gemelt, radts pflegen."

Es stand folglich der Tod darauf, ein „lebendig Kind" vorsätzlich abzutreiben. Auf männliche Täter wartete das Schwert, wobei diese Hinrichtungsform immerhin als ehrbar galt und vor einem qualvollen Rädern oder Vierteilen bewahrte. Frauen sollten dagegen in der Regel ertränkt werden, was drastisch klingt und dies auch war („Theater des Schreckens"), aber gleichwohl als die mildere Hinrichtungsform für Frauen verstanden wurde, die sonst zu Lebendigbegraben oder vorausgehender Marter hätte geschärft werden können. Sofern aber ein „nit lebendig" Kind abgetrieben worden war, galt statt der Todesstrafe lediglich eine arbiträre Strafe nach Ermessen, wobei das obligate Einholen von Rechtsrat

---

[19] Vgl. Jerouschek, S. 17 ff., 99 ff.

(dazu Art. 219 CCC) für eine einigermaßen einheitliche Bestrafung sorgte, hier vor allem körperliche Züchtigung und Landesverweisung.[20] Für die Bestrafung kam es also ganz entscheidend darauf an, ob das Kind gelebt hatte. Was heute irritierend klingt, meinte die Unterscheidung, ob sich das ungeborene Leben bereits durch Bewegung lebendig und damit lebensfähig gezeigt hatte.[21] Das ist bei Schwangerschaften ungefähr ab der 16. SSW p.c. (bzw. 18. SSW p.m.)[22] der Fall und wurde von den Kursächsischen Konstitutionen von 1572 ab der Hälfte der üblichen Schwangerschaftsdauer vermutet (Th. 1 Const. 4: „vnter der helffte nach der empfengnus").[23]

Obwohl die Carolina aufgrund der sog. salvatorischen Klausel, die sich am Ende ihrer Vorrede befand, gegenüber den Landesrechten nur subsidiär galt, bestimmte sie dennoch das Straf- und Strafverfahrensrecht der frühen Neuzeit.[24] Die Strafrechtspraxis und die Kommentatoren der Zeit befassten sich in vielfältiger Hinsicht mit der Abtreibung und der ihr nahegesehenen Kindestötung, wobei es nicht zuletzt um Indizien ging, die eine peinliche Befragung (Tortur, Folter) zuließen.[25] Gleichwohl blieb der Nachweis der Abtreibung schwierig, weshalb diesbezügliche Verurteilungen offenbar weit seltener als beim Kindsmord selten waren.[26] Als Beweiszeichen für beides galt etwa das Verheimlichen der Schwangerschaft, auch wurde die Expertise der Hebammen herangezogen, um das tote Kind

---

[20] Etwas konkreter findet sich das in den Kursächsischen Konstitutionen von 1572: „wilkürlich mit staupen schlegen / vorweisung oder gefengnus / nach gestalt der vorbrechung"(Th. 1 Const. 4).

[21] Frölichsburg, F.v., Christoph, J.: Commentarius Peinliche Hals-Gerichts-Ordnung. Frankfurt, Leipzig 1741, T. 2, Lib. 2, Tit. 13, C. 1 (S. 188). Vgl. auch Jerouschek, S. 112 ff., 131 ff.; Kluge, D.: Eyn noch nit lebendig Kindt, 1986.

[22] Abkürzungen für *post conceptionem* (nach Empfängnis) und *post menstruationem* (nach der letzten Menstruation), die ziemlich genau zwei Wochen auseinanderliegen. Im medizinischen Sprachgebrauch wird gemeinhin auf p.m. abgestellt, im gesetzlichen Kontext auf p.c. (wobei andere Rechtsordnungen das oft anders handhaben, was im Rechtsvergleich zu beachten ist).

[23] Vgl. Frölichsburg, F.v., Christoph, J.: Commentarius Peinliche Hals-Gerichts-Ordnung. Frankfurt, Leipzig 1741, T. 2, Lib. 2, Tit. 13, C. 1, S. 188 f.

[24] Vgl. Jerouschek, S. 111 ff. m.w.N.

[25] Vgl. Jerouschek, S. 102 ff., 131 ff., 140 ff.

[26] Vgl. dazu Leibrock-Plehn, L.: Frühe Neuzeit. Hebammen, Kräutermedizin und weltliche Justiz. In: Jütte (Hrsg.): Geschichte der Abtreibung. München 1993, S. 68, 85 ff.

nach seiner Reife zu beurteilen. Überdies neigte die gemeinrechtliche Praxis zunehmend dazu, die Strafe des Ertränkens abzumildern (sei es nur zur Schwertstrafe) und auch sonst nach Milderungsgründen zu suchen.[27]

Reichseinheit

Dem Druck der Aufklärung hielt das gemeine Recht nicht stand, was auch für die Bestrafung des Schwangerschaftsabbruchs galt.[28] Ab der zweiten Hälfte des 18. Jahrhunderts gaben sich die Partikularstaaten nach und nach eigene Strafgesetzbücher, welche die Carolina ablösten. Beginnend mit der habsburgischen Josephina (1787) und dem preußischen Allgemeinen Landrecht (1794), das noch von Friedrich dem Großen initiiert worden war, nahmen alle Partikularrechte davon Abstand, die Abtreibung mit dem Tode zu bestrafen, sondern drohten stattdessen das Zuchthaus an.[29] Konsolidiert wurde diese Gesetzgebung, als nach der Reichsgründung das Strafgesetzbuch vom 15.5.1871 (RGBl. 127) beschlossen wurde, welches – unter mannigfachen Änderungen und mehreren Neubekanntmachungen – in der Sache bis heute gilt. Seit seinem Anbeginn normiert das StGB den Schwangerschaftsabbruch in § 218, dessen ursprüngliche Fassung – die aus dem preußischen StGB von 1851 übernommen worden war – im Vergleich zu heute einen stark abweichenden Regelungsgehalt hatte. Es ist bezeichnend, dass die Bestrafung der Schwangeren damals an die Spitze gestellt war, dies als Sonderdelikt, das nur die Frau selbst als Täterin verüben konnte. Es hieß in Absatz 1:

„Eine Schwangere, welche ihre Frucht vorsätzlich abtreibt oder im Mutterleibe tödtet, wird mit Zuchthaus bis zu fünf Jahren bestraft."
Wegen der Androhung von Zuchthaus galt die Tat deliktisch als Verbrechen, wobei das Mindestmaß ein Jahr betrug, welches selbst bei guter Führung zu verbüßen war (§§ 14 Abs. 2 u. 23 StGB a.F.). Gab es mildernde Umstände, war immer noch auf Gefängnis nicht unter sechs Monaten zu erkennen (§ 218 Abs. 2 StGB a.F.). Zu diesen Sanktionen ist zu erklären, dass Zuchthaus die schwerste Form der Freiheitsentziehung war,

---

[27] Vgl. Frölichsburg, F.v., T. 2, Lib. 2, Tit. 13 (S. 189 f.), auch T. 1, Lib. 4, Tit. 4, C. 7, S. 288.
[28] Näher dazu Stukenbock, K.: Das Zeitalter der Aufklärung. Kindsmord, Fruchtabtreibung und medizinische Policey. In: Jütte (Hrsg.): Geschichte der Abtreibung. München 1993, S. 91 ff.
[29] Vgl. dazu weiterführend Jerouschek, S. 167 ff., 172 ff.

die mit einer (Zwangs-) Arbeitspflicht einherging (§ 15 StGB a.F.), wohingegen zu Gefängnis verurteilte Personen nur „auf eine ihren Fähigkeiten und Verhältnissen angemessene Weise beschäftigt werden" sollten (§ 16 StGB a.F.). Mildeste Form der Freiheitsstrafe war die Festungshaft (§ 17 StGB a.f.), bei der trotz der recht martialischen Bezeichnung nur die Freiheit entzogen wurde, sodass es weithin am Inhaftierten lag, wie er sich die Zeit vertreibt (was Hitler bekanntlich dazu nutzte, sein berüchtigtes Machwerk zu diktieren).

Die Fokussierung des Gesetzes auf die schwangere Frau macht freilich die Stoßrichtung des Gesetzes klar: Es ging um Sozialdisziplinierung von Unverheirateten, Prostituierten oder anderen „Liederlichen". Zu bedenken ist das vor dem Hintergrund, dass die Verhütung von Schwangerschaft damals noch sehr unsicher war (so kamen Gummikondome hierzulande erst ab 1880 auf den Markt). In der ursprünglichen Fassung ist § 218 StGB daher konzeptioneller Ausdruck von Misogynie, dies ungeachtet dessen, dass die Strafbarkeit sodann auch all jene erfasste, welche die Schwangere beim Abbruch unterstützten oder diesen mit ihrer Einwilligung vollzogen (§ 218 Abs. 3 a.F.).[30] Nicht zu verkennen ist zudem der sachliche Zusammenhang zur Kindstötung, wir denken an Gretchen und den sich aus der Verantwortung stehlenden Faust. Je nach Betrachtung nahm die Abtreibung die Kindstötung vorweg oder holte diese den Abbruch nach. Nicht zufällig war die vorsätzliche Tötung des „uneheliche[n] Kindes in oder gleich nach der Geburt" unmittelbar vor der Abtreibung erfasst (§ 217 StGB a.F.). Für die Mutter stand darauf Zuchthaus nicht unter drei Jahren, was die ansonsten übliche Bestrafung für Mord (Tod) und Totschlag (Zuchthaus nicht unter fünf Jahren) immerhin abmilderte. § 218 StGB war bereits im Kaiserreich umstritten, was sich in Weimar fortsetzte.[31] Mehrere Gesetzesentwürfe, die auf eine Beseitigung der Strafbarkeit drangen, scheiterten im Reichstag. Dass diese Initiativen jeweils von Arbeiterparteien ausgingen (USPD, SPD und KPD), illustriert,

---

[30] Zuchthaus wurde auch für jene angedroht, die der Schwangeren gegen Entgelt die Mittel zum Abbruch verschafft, sie bei ihr angewendet oder ihr beigebracht hatten (§ 219 StGB a.F.) Die Fremdabtreibung gegen den Willen der angehenden Kindesmutter wurde eigens erst in § 220 StGB a.f. erfasst (darauf stand Zuchthaus nicht unter zwei Jahren).

[31] Vgl. dazu Dienel, Ch.: Das 20. Jahrhundert (I). Frauenbewegung, Klassenjustiz und das Recht auf Selbstbestimmung der Frau, in: Jütte (Hg.), Geschichte der Abtreibung, München 1993, S. 140 ff.

dass der Schwangerschaftsabbruch zugleich eine Frage der sozialen Klasse war. Erst 1926 wurde erreicht, die Strafbarkeit zumindest abzumildern, sodass der Schwangeren seither nicht mehr Zuchthaus, sondern „nur" noch Gefängnis drohte.[32] Deliktisch ging das einher mit der Abstufung der Tat vom Verbrechen zum Vergehen. Frauenrechtliche Belange wurden dadurch aber nur zurückhaltend berücksichtigt, dies auch im Hinblick darauf, dass professionellen Unterstützern weiterhin das Zuchthaus drohte, wenn sie den Abbruch durchführten bzw. der Schwangeren dazu Mittel oder Werkzeuge verschafften (Abs. 3). Sanktionstechnisch waren sie so Tätern gleichgestellt, die den Abbruch ohne die Einwilligung der Schwangeren vornahmen.

Erwähnung verdient überdies, dass die medizinisch indizierten Abbruchsfälle, in denen Gefahr für Leib und Leben der Mutter besteht, damals – im Unterschied zum heutigen Recht – noch nicht konkret geregelt waren. Nahm die in Not befindliche Schwangere den Abbruch selbst vor, ohne dass es ein milderes Mittel zur Gefahrabwendung gab, wurde sie wegen Notstands zwar nicht bestraft (§ 54 StGB a.F.), was auch für ihre Angehörigen galt, die ihr bestanden.[33] Es dauerte aber bis 1927, bis das Reichsgericht aus Gründen allgemeiner Güterabwägung festhielt, dass auch der Arzt, der die Schwangerschaft zur Rettung der Frau durchführt, der Strafe enthoben ist und dabei im Recht steht.[34]

Fristenlösung

Dieses Regelungsregime sollte überdauern, wiewohl der Schwangerschaftsabbruch in der gesellschaftlichen und politischen Diskussion stets umstritten blieb.[35] Überspringen können wir die NS-Barbarei, die den

---

[32] Änderungsgesetz v. 18.5.1926 (RGBl. I 239). Vgl. dazu zeitgenössisch Borcherding, Friedrich: Die Abtreibung der Leibesfrucht nach dem Reichsstrafgesetzbuch alter und neuer Fassung, Münster 1926.

[33] Vgl. bspw. RG, Urt. v. 12.2.1926 – I 515/25, RGSt 60, 88.

[34] RG, Urt. v. 11.3.1927 – I 105/26, RGSt 61, 242 zu § 54 StGB a.F. (was heute Regelungsgegenstand der §§ 34 bzw. 35 StGB wäre).

[35] Vgl. dazu Gante, M.: Das 20. Jahrhundert (II). Rechtspolitik und Rechtswirklichkeit 1927-1976. In: Jütte (Hrsg.), Geschichte der Abtreibung, München 1993, S. 169, 172 ff.; zur protestantischen Diskussion Anselm, R.: Jüngstes Gericht und irdische Gerechtigkeit. Protestantische Ethik und die deutsche Strafrechtsreform, Stuttgart u.a. 1994, insbes. S. 205 ff.

Schwangerschaftsabbruch sozialdarwinistisch las, weshalb sie ihn nur dort ablehnte, wo es um völkisch erwünschten Nachwuchs ging.[36] Normative Bewegung kam erst wieder mit den Umwälzungen ins Spiel, welche die patriarchalische Gesellschaftsstrukturen zu überwinden suchten, was mit dem sog. Gleichberechtigungsgesetz vom 18.6.1957 (BGBl. I 609) nur unvollkommen gelungen war. Als 1969 die sozialliberale Regierung die Verantwortung übernahm, strebte diese an, das rigide Abtreibungsrecht zu lockern, wobei sie zunächst ein Indikationenmodell entwarf (dies unter Wandlung vom Sonder- zum Allgemeindelikt).[37] Indessen sollte dieser Plan von der gesellschaftlichen Dynamik weggefegt werden, die unwiderstehlich zu einer Fristenlösung drängte.[38]

Bahnbrechend war dafür die DDR, die mit dem Gesetz über die Unterbrechung der Schwangerschaft vom 9.3.1972 (GBl. I 89) einen fristgebundenen Abbruch innerhalb der ersten 12 Wochen ermöglicht hatte.[39] Die Mehrheit in der Volkskammer war dabei überwältigend (478:14:8), gleichwohl ist es wert zu bemerken, dass dies das einzige Gesetz des Regimes war, das nicht einstimmig angenommen wurde.[40] Weltweite Beachtung fand sodann die Entscheidung des US Supreme Courts vom 22.1.1973, als dieser in der Rechtssache Roe v. Wade den Schwangerschaftsabbruch bis zum Eintritt der Lebensfähigkeit erlaubte.[41] Österreich

---

[36] So erlaubte § 10a des Gesetzes zur Verhütung erbkranken Nachwuchses i.d.F. des Änderungsgesetzes v. 26.3.1935 (RGBl. I 773) den Schwangerschaftsabbruch bei einer unfruchtbar zu machenden Frau, sofern diese einwilligte, bis zum Eintritt der Lebensfähigkeit, welche auf den Ablauf des sechsten Monats gesetzt wurde. Umgekehrt galt die Todesstrafe für Täter, die durch den Abbruch „die Lebenskraft des deutschen Volkes fortgesetzt beeinträchtigt[en]" (§ 218 Abs. 3 S. 2 StGB i.d.F. der VO v. 30.3.1943 [RGBl. I 169 [170] zur Durchführung der VO zum Schutz von Ehe, Familie und Mutterschaft v. 9.3.1943 [RGBl. I 140]).

[37] Regierungsentwurf des 5. StrRG v. 15.5.1972, BT-Drs. VI/3434.

[38] Für die Fristenlösung sodann der Gesetzentwurf der SPD- und FDP-Fraktionen v. 21.3.1973, BT-Drs. 7/375.

[39] Ergänzt wurde das von den Durchführungsbestimmungen v. 9.3.1973 Bl. II 149).

[40] Die Ablehnungen und Enthaltungen kamen aus der 52 Mitglieder umfassenden (Ost-) CDU-Fraktion.

[41] United States Supreme Court, 22.1.1973, No. 70-18, Roe v. Wade, 410 U.S. 113 (1973). Überholt durch Urteil v. 24.6.2022, No. 19-1392, Dobbs v. Jackson Women's Health Organization, 597 U.S. 215 (2022).

folgte mit seinem neuen Strafgesetzbuch vom 23.1.1974 (BGBl. 1974/60, 641), das die Abtreibung innerhalb der ersten 12 Wochen zuließ (§ 97 Abs. 1 Nr. 1 öStGB).[42] Nach intensiven Debatten wurde die Fristenlösung schließlich auch in Westdeutschland beschlossen, wobei der Abbruch auch hier innerhalb der ersten 12 Wochen nach Empfängnis möglich sein sollte. Geregelt wurde das im neuen § 218a StGB, der durch das 5. Strafrechtsreformgesetz vom 18.6.1974 (BGBl. I 1297) in das Strafgesetzbuch implementiert werden sollte.[43]

Dieses Gesetz wurde am 21.6.1974 im Bundesgesetzblatt verkündet und sollte tags darauf in Kraft treten. Doch dazu kam es nicht: Denn noch am Tag der Bekanntmachung suspendierte das Bundesverfassungsgericht das Inkrafttreten der fristgebundenen Abbruchsmöglichkeit (wobei es zugleich die Möglichkeit der kriminologischen Abbruchsindikation verfügte).[44] Endgültig kippte die Fristenlösung dann durch das Schwangerschaftsabbruchsurteil vom 25.2.1975, welches die Fristenlösung als verfassungswidrig verwarf, weil sie der Menschenwürde (Art. 1 Abs. 1 GG) und dem Grundrecht auf Leben (Art. 2 Abs. 2 GG) nicht genügte.[45] Stattdessen griff der Gesetzgeber auf das Indikationenmodell zurück, welches die Regierung zuerst ohnehin angestrebt hatte. Die Novelle durch das 15. Strafrechtsänderungsgesetz vom 18.5.1976 (BGBl. I 1213) ermöglichte seitdem Abbrüche aus medizinischer, eugenischer, kriminologischer oder sozialer Indikation. Anzumerken ist übrigens, dass die Fristenlösung im Österreich ihrerseits der verfassungsgerichtlichen Überprüfung standhielt, wie das der dortige Verfassungsgerichtshof am 11.10.1974 erkannte.[46] Wie immer beide Judikate zu bewerten sind: Im neutralen Wien bestand jedenfalls nicht das Bedürfnis, sich von einem staatlichen Gegenentwurf abgrenzen zu müssen.

---

[42] Mit Geltung ab 1.1.1975. Umstritten war die Neukodifizierung allein wegen der Fristenlösung, die letztlich mit den Stimmen der SPÖ durchgesetzt wurde.

[43] Abstimmungsergebnis im Bundestag: 247:233:9.

[44] BVerfG, Urt. v. 21.6.1974 – 1 BvQ 4/74, BGBl. I 1309, BVerfGE 37, 324. Nicht erfasst waren von der einstweiligen Anordnung die Abbrüche aus medizinischer oder eugenischer Indikation, die ebenfalls neu in § 218b StGB implementiert wurden.

[45] BVerfG, Urt. v. 25.2.1975 – 1 BvF 1/74 u.a., BGBl. I 625, BVerfGE 39, 1.

[46] VfGH, Erk. v. 11.10.1974 – G 8/74, VfSlg 7400, Bd. 39/2, 221.

Wende

Hatten sich die beiden deutschen Staaten in der Abtreibungsfrage für unterschiedliche Lösungswege entschieden, galt es dies nach der Wiedervereinigung zu versöhnen. Im Einigungsvertrag vom 31.8.1990 (BGBl. II 885, 957) hatte sich die DDR ausbedungen, die Indikationslösung nicht für das Beitrittsgebiet zu übernehmen. Mit Recht sah sie das westdeutsche Modell als gescheitert: Denn mancherorts lief die Überprüfung der sozialen Indikation auf eine Farce hinaus, während sie woanders zu einem Tribunal für Frauen verkam, die dann lieber gleich nach Holland fuhren, auch wenn sie sich dadurch strafbar machten. Um die deutsche Rechtseinheit herzustellen, wurde alsdann mit dem Schwangeren- und Familienhilfegesetz vom 27.7.1992 (BGBl. I 1309) eine Fristenlösung mit Beratungspflicht beschlossen.[47] Indessen suspendierte das BVerfG auch dieses Gesetz am Tag der Verkündung[48] und kassierte die Regelung sodann im zweiten Schwangerschaftsabbruchsurteil vom 28.5.1993.[49] Tragend war hier die Begründung, dass der fristgebundene Abbruch nicht per se als „nicht rechtswidrig" eingeordnet werden dürfe, weil sich das sonst auf die gesamte Rechtsordnung erstreckt, was wiederum mit dem Lebens- und Würdeschutz des ungeborenen Kindes nicht zu vereinbaren sei. Denn während die Gründe der Frau bei der kriminologischen oder medizinischen Indikation (ärztlich) geprüft werden, sei dies beim fristgebundenen Abbruch eben nicht der Fall, weil sich die Frau in der Beratung gerade nicht erklären oder gar rechtfertigen müsse (sonst wäre es keine Beratung, sondern eine Anhörung).

Das Bundesverfassungsgericht soufflierte dem Gesetzgeber zugleich, wie eine gesetzliche Lösung aussehen könnte, was dieser für das Schwangeren- und Familienhilfeänderungsgesetz vom 21.8.1995 (BGBl. I 1050), welches am 1.10.1995 in Geltung trat, gerne übernahm. Damit sind wir beim aktuellen Rechtsstand angekommen: Danach gilt der fristgebundene Abbruch nach Beratung als tatbestandslos, was zugleich heißt, dass er kein Strafunrecht setzt. Für außerstrafrechtliche Teilgebiete des Rechts besagt das jedoch nichts. Angesichts der Mutmaßung, dass die Gründe für einen fristgebundenen Abbruch zumeist keiner echten

---

[47] Abstimmungsergebnis im Bundestag: 355:283:16, zugrunde lag ein fraktionsübergreifender Gruppenantrag.
[48] BVerfG, Urt. v. 4.8.1992 – BvQ 16/92 u.a., BGBl. I 1585, BVerfGE 86, 390.
[49] BVerfG, Urt. v. 28.5.1993 – 2 BvF 2/90 u.a., BGBl. I 820, BVerfGE 88, 203.

Zumutbarkeitsprüfung standhalten würden, untersagte das Bundesverfassungsgericht, solche Abbrüche als Kassenleistung der gesetzlichen Sozialversicherung einzustufen. Denn die Solidargemeinschaft der Versicherten müsse nicht für Abbrüche einstehen, bei denen nicht feststeht, dass es der Frau wirklich unzumutbar ist, die Schwangerschaft fortzusetzen. Dem ist allerdings nicht benommen, dass in Bedarfsfällen die Sozialhilfe einspringt.

De facto besteht nach geltendem Recht eine Fristenlösung mit Beratungspflicht. Gleichwohl besteht die verbreitete Fehlannahme, dass Frauen immer noch die zentralen Adressaten des Straftatbestandes wären, wie das für über ein Jahrhundert tatsächlich der Fall gewesen war. Wird der Abbruch jedoch nach Beratung fristgerecht durch einen Arzt vorgenommen, handelt es nach Gesagtem nicht einmal mehr um einen Fall für das Strafrecht. Selbst wenn die Frist nach der erfolgten Beratung versäumt wird, bleibt die Frau straflos, sofern der Abbruch bis zur 22. SSW p.c. erfolgt. Ins Spiel kommt das Strafrecht jedoch dann, wenn der Abbruch ohne Arzt und Beratung erfolgt. Das kann ggf. auch durch eigene Hand der Schwangeren erfolgen, etwa wenn sie ein Abtreibungsmedikament über das Internet aus dem Ausland bezieht.

Schlussbetrachtung: Neue Wendezeit?

Ungeachtet dessen ist allemal zu konstatieren, dass das geltende Recht so kompliziert gestaltet ist, dass es selbst von ausgebildeten Juristinnen und Juristen oft nicht durchdrungen wird. Das verfälschende Mantra vom „rechtswidrig, aber straflos" wird allzu oft zitiert und drängt Frauen in die Nähe kriminellen Unrechts, obwohl dies sachlich nicht zutrifft. Dass sich selbst der eingangs erwähnte Kommissionsbericht dessen befleißigt, kann keinen Beifall finden. Festzuhalten ist jedenfalls auch, dass die fortdauernde Verortung des Schwangerschaftsabbruchs im alten Rahmen des § 218 StGB aufgrund der mit ihm verbundenen Repressionsgeschichte diskursiv belastet. Das ruft nach einer abweichenden Gestaltung, um das allzu vergiftete Framing dieser Norm zu durchbrechen, auch wenn sie inhaltlich längst geläutert ist.

Sollte es zu einer Neuregelung kommen, gilt es die geschichtliche Lektion zu lernen, dass ein effektiver Lebensschutz stets nur mit der Frau zu erreichen ist, nicht gegen sie. Anzuerkennen ist die singuläre Sondersituation, die Zweiheit in Einheit fasst. Dafür bietet sich an, die komplizierte

Rechtslage transparent umzugestalten. Noch wichtiger sind allerdings effektive Hilfestellungen, sodass die freie Entscheidung für das Kind zumindest keine soziale Frage ist. Das erfordert freilich die Bereitstellung von Mitteln, die den stets billigen Einsatz von Strafrecht bei weitem übersteigen. Das soll nicht als Aufruf verstanden sein, auf Strafrecht zu verzichten, wohl aber zu dessen maßvollen Einsatz.

Elke Lang-Becker

Wendezeiten und Zäsuren in der Musikgeschichte:
„*...alles hätte auch anders kommen können...* "

„Denn wenn auch im Fortgang einer bestimmten Epoche ein Schritt auf den anderen mit einer Art Folgerichtigkeit folgt, weil bestimmte Entscheidungen bestimmte Konsequenzen nach sich ziehen, so ist doch der Zufall der Umstände und die Vielfalt des Wollens und der Spielraum der Willkür ein nicht minder wesentliches Moment im Fortgang des Geschehens. *Der Gedanke, dass alles auch anders hätte kommen können*, ist nicht hinweg zu denken."[1]

Mit dieser Überlegung des Philosophen Karl Löwith leitet der Musikwissenschaftler Ludwig Finscher 1996 den von ihm herausgegebenen Band 3 des renommierten „Neuen Handbuch[s] für Musikgeschichte: Die Musik des 15. und 16. Jahrhunderts" ein. Und diesen Gedanken will ich im Folgenden in meinen Streiflichtern auf ausgewählte Zeitenwenden und Zäsuren in Epochen, in epochemachenden Ereignissen und im persönlichen Leben von Komponisten mit bedenken.

Unsere westliche Musikgeschichte ist von Dynamik geprägt und wird dementsprechend gern unter dem Gesichtspunkt gesehen, dass ihr Fortschreiten auf Entwicklung beruht, in der eins auf das andere in gewisser Logik und Notwendigkeit folgt, von den jeweiligen Zeitgenossen häufig als Fortschritt und Entwicklung zum Besseren empfunden. Und wenn auch Folgerichtigkeit oft gegeben ist, so ist doch ebenso der Gedanke berechtigt, dass manches oder alles hätte ganz anders kommen können. *Wendezeiten* und *Zäsuren* sind Zeiträume in denen sich die Verhältnisse

---

[1] Finscher, L.: Die Musik des 15. und 16. Jahrhunderts. Einleitung. Neues Handbuch der Musikgeschichte Bd. 3 Laaber 1996, S. 1.

grundlegend ändern, und Markierungs*punkte*, an denen sich diese Änderungen zeigen und nach denen es anders geartet weiter geht.

Meine Streiflichter auf ausgewählte Ereignisse mögen andeuten, welche Bedingungen künstlerischer, kompositionstechnischer, ideengeschicht-licher, gesellschaftlicher Art vorlagen, die Neues hervorbrachten, Hergebrachtes verwarfen, Kontinuität und Wandlung vereinten, Wirkung nach beiden Seiten entfalteten, nämlich Zustimmung oder Ablehnung, schließlich doch Akzeptanz.

Traditionell wird Musikgeschichte in Epochen eingeteilt, als Geschichte von Stilen, Werken, Gattungen innerhalb historischer Situationen beschrieben. Die Bezeichnungen der Epochen entstammen dabei der Kultur, Kunst-, Literatur- und allgemeinen Geschichte.

Ich rufe sie im Folgenden in Erinnerung und nenne die wesentlichsten Merkmale, die zugleich Wendezeiten und Zäsuren skizzieren:

Antike

Griechische Antike ca. 2000 – 300 a. C.: Platon - Harmonie der Sphären. Pythagoras - Mathematische Grundlagen der Tonsysteme. 2. Hellenismus ca. 300 a.C. – 500 p. C.: Schafft die musikwissenschaftlichen Grundlagen für das ganze Mittelalter: Tonarten – mathematische Bestimmung der Tonverhältnisse, Darstellung der Theorie, Rhythmuslehre.

Mittelalter

Kirchentonarten – Weiterentwicklung der Notenschrift – Einstimmigkeit bis 1000. Mehrstimmigkeit ab 2. Hälfte des 9. Jahrhunderts – Vorrang der Theorie vor der Musikpraxis.

Renaissance

Selbstbewusstsein des Künstlers führt zur Entfaltung solistischer Virtuosenmusik – Entdeckung der Perspektive in der Malerei korrespondiert der Entdeckung der Harmonie in der Musik – Konzeption der Komposition als Ganzes gegenüber der früheren additiven Ergänzung der einzelnen Stimme zu einer gegebenen – Vokalpolyphonie mit dem Ideal des vollkommenen Ausgleichs zwischen horizontaler Linienführung und vertikaler Harmoniebildung – der Forderung der bildenden Kunst, die Natur nachzuahmen, entspricht in der Musik das Bestreben, den Ausdrucksgehalt der Worte wiederzugeben – die Dur-Moll-Tonalität verdrängt die Kirchentonarten – Gleichberechtigung der weltlichen neben der geistlichen

Musik – Entwicklung einer eigenständigen Instrumentalmusik neben der noch vorherrschenden Vokalmusik – Vorrang der Praxis vor der Theorie: Johannes Tinctoris (+1511) Verfasser des ersten im Druck erschienenen Musiklexikons „*Terminorum musicae Diffinitorium*" um 1472/73, leitet die Kontrapunktregeln aus den Werken bedeutender Komponisten ab, d.h. aus der Praxis und definiert Konsonanz und Dissonanz durch ihre Wirkung auf das Ohr, nicht durch ihre mathematische Grundlage.

Barock
Seit Ende des 16. Jahrhunderts „musica poetica": Musik als „Klangrede" oder „Tonsprache", Figurenlehre mit Anleitungen zur Komposition eines Textes nach den Regeln der Poetik - Anfang 17. Jahrhundert: Wandel von der Polyphonie Palestrinas zur Monodie Monteverdis – Entstehung der Oper – Dur-Moll-Tonarten – Generalbass – um 1720 allmähliche Aufgabe des Generalbasses – der „alte styl", Chromatik und Kontrapunktik Johann Sebastian Bachs wird abgelöst durch den neuen Stil mit dem Ideal von Einfachheit und Natürlichkeit der Generation seiner Söhne.

Klassik
Prinzip der „thematischen Arbeit" - Themendualismus – Ausgewogenheit von Form und Inhalt – Logik und Formstrenge werden verbunden mit Natürlichkeit und Verständlichkeit.

Romantik und Spätromantik
Bezug auf klassische Vorbilder – große Dimensionen und Miniaturen – Instrumentationskunst – Erweiterung der Harmonik, „Tristan-Harmonik" (Richard Wagner) – Rückbesinnung auf die Tradition, auf kulturelles Erbe, auf Musik der Vergangenheit, v.a. Johann Sebastian Bach: 1829 Wiederaufführung der nach Bachs Tod in Vergessenheit geratenen Matthäus-Passion durch Felix Mendelssohn-Bartholdy, Beginn der Bach-Renaissance. Johannes Brahms' Mitarbeit an der Bach-Gesamtausgabe der Alten Bachgesellschaft – Aufnahme alter Kompositionstechniken.

Impressionismus
Einflüsse außereuropäischer Musik – Claude Debussy (1864-1918) Beeinflussung durch Dichter des Symbolismus und Maler des

Impressionismus, die Musik des Fernen Ostens (Gamelan-Orchester, Tonarten, Harmonik).

20. Jahrhundert:
Bestimmende Zäsuren im Verlauf und Kontingenz

In der 1. Hälfte das der „Neuen Musik", der „Moderne", mit Emanzipation der Dissonanz, Atonalität nach 1900, Dodekaphonie ab 1920, Expressionismus, Neoklassizismus und nach der Zäsur durch den 2. Weltkrieg nach 1945 das der „Post-Moderne" mit dem Pluralismus der vielen aufeinanderfolgenden Stilrichtungen und Benennungen nach Kompositionstechniken wie ab 1950 Serialismus, Aleatorik, Elektronische Musik, Klangflächenkomposition, Minimal Music, Post-Minimalismus, Neue Einfachheit, experimentelle Musik. Heute sieht die Musikwissenschaft den Epochenbegriff kritisch wegen der unklaren Bestimmung ihres Beginns und Endes oder der Überlappungen und Phasenverschiebungen gegenüber der Kunst- und Literaturgeschichte, und gliedert nach Jahrhunderten oder kleineren Zeitabschnitten. Dennoch bleiben die Epochen-Namen gebräuchlich und zusammen mit Jahresangaben versehen, die natürlich Näherungswerte sind. Wichtig ist, wie schon gesagt, das Bewusstsein dafür, dass eine Epoche sich durch das Zusammenspiel von kompositions-, ideen- und institutionsgeschichtlichen Momenten bestimmt, die nicht lediglich nebeneinander bestehen, sondern in ihrer sinnvollen Bezogenheit eine Geschichtswirkung entfalten.[2]

Also, dass eine Epoche sich aus Vorangegangenem und je Gegenwärtigem entwickelt und zukunftsweisende Züge besitzt, das zeigt sich in verschiedenen Phasen, daraus resultierend die gebräuchlichen Bezeichnungen z.B. „Früh-Barock", „Hoch-Barock", „Spät-Barock", „Spätromantik" oder „Vorklassik" – und aus Stilprinzipien und Stilarten. Guido Adler leitete daraus seine Sicht der Musikgeschichte als „Stilgeschichte" ab: „Den Stil erkennen wir aus der einheitlichen Erfassung eines Kunstwerkes, ferner aus der Vergleichung mit Erzeugnissen seiner Zeit, der umgebenden Schulen und Richtungen in Gegenwart und Vorgängerschaft [...] im Zusammenhalt mit der Persönlichkeit des Künstlers und der Gemütsstimmung seiner Zeit."[3]

---

[2] Eine Definition, die mich seit Studienzeiten begleitet.
[3] Adler, G.: Der Stil in der Musik. Leipzig 1911, S.11 f.

Zu den „epochemachenden Ereignissen" zählt Ottaviano Petruccis (1466–1539) Erfindung des Notendrucks durch bewegliche Metalltypen, für die er 1498 das Patent erhielt, und die das mühsame Abschreiben der Noten mit Tinte und Federkiel ersetzte. Wäre das ohne Johannes Gutenbergs (um 1400–1468) Erfindung des Buchdrucks um 1445 möglich gewesen? Zugleich schuf Petrucci dadurch den Beruf des Musikverlegers mit allen Folgen für und durch die Verbreitung der Partituren.

Weiterentwicklungen im Instrumentenbau (z.b. der Klavierinstrumente vom Cembalo bis zum modernen Flügel, der Klappen bzw. Ventile von Holz- und Blechblasinstrumenten) oder Erfindung neuer Instrumente (z.B. Saxophone um 1860) verhalfen den Komponisten zu neuen Möglichkeiten der klanglichen Erfindung, zu großer Orchesterbesetzung, durch Entfaltung der Lautstärke zum Bedürfnis größerer Aufführungsorte, das einen gesellschaftlichen Wandel vom adligen zum bürgerlichen Publikum förderte, und den Spielern zum Virtuosentum verhalf.

Eine Abkehr vom bis dahin Gültigen und Neuorientierung wurde im Lauf der Musikgeschichte immer wieder ausdrücklich als „neu" benannt:
Z.B. auf dem Gebiet der Notenschrift, die den Erfordernissen der größer werdenden Anzahl der Stimmen und der immer komplizierter werdenden Stimmführung der mehrstimmigen Musik im 13. und 14. Jahrhundert praktisch gerecht werden musste: die Ablösung der Mensuralnotation der Ars antiqua durch die der *Ars nova* (Traktat „Ars nova" 1320 von Philippe de Vitry).
Z.B. in der Wendezeit um 1600, die eine der Polyphonie und Kontrapunktik entgegengesetzte Kompositionsweise, nämlich die zur Entstehung der Oper führende *Monodie* hervorbrachte aus der Idee, die Aufführungsweise der klassischen griechischen Tragödie zu rekonstruieren. (Traktat: 1601 Giulio Caccini „Le nuove musiche").
Z.B. im 20. Jahrhundert die Bezeichnung für Konzerte mit nach dem kulturellen Zusammenbruch 1945 komponierten Werken, die dem etablierten Konzert-Repertoire entgegenstanden, als „Musica nova".
Am Beginn der „Neuen Musik" des 20. Jahrhunderts steht der bis dahin – zum Teil bis in die Gegenwart vor allem durch die Rezipienten noch so empfundene - radikalste Bruch mit der Tradition, nämlich die Auflösung der Tonalität (Dur- und Moll-Tonarten), beginnend mit Arnold Schönbergs „freier Atonalität", gefolgt von der „Dodekaphonie", der „Methode der Komposition mit 12 nur aufeinander bezogenen Tönen". Einen weiteren Einschnitt stellt das Aufgeben der von Stimmen und Instrumenten

erzeugten Musik zugunsten von elektronisch generierten Klängen ab der Jahrhundertmitte dar, das die Tonaufzeichnung mittels Tonband, dann Schallplatte, CD, DVD etc. nach sich zieht.

In der Wendezeit der Jahre 1933 bis 1945, also des Regimes der Nationalsozialisten, wurde „Deutschland, einst der Drehpunkt europäischer Musik, innerhalb weniger Monate zu einer schöpferischen Wüste. [...] Eine Eiszeit war ausgebrochen, und sie sollte bis zu jenen furchtbaren Tagen im Frühjahr 1945 anhalten, wo zu unaufhörlich aus dem Radio dröhnender Wagner-Musik Hitler die Stützpfeiler der Gibichungenhalle über seinem eigenen Kopf einriß. Zum ersten Mal war die Geschichte so geschmacklos gewesen, Opern zu imitieren" [4].

Der Zeitzeuge Hans Vogt (1911–1992), Dirigent, Komponist und Hochschullehrer, bis 1949 in russischer Kriegsgefangenschaft, hat mir in persönlichem Gespräch erzählt, was er in seinem Buch „Neue Musik seit 1945" niedergeschrieben hat: „[...] was vor 1945 alles möglich war: nicht nur das Verbot aller Musik jüdischer Komponisten, sondern auch das über andere verhängte Verdikt der „Entartung" [...] Nicht nur das Auftrittsverbot für jüdische und sich mit ihnen solidarisch erklärende Interpreten, sondern auch der Kleingärtnereifer aller derjenigen, für die nun auf einmal die lästige Konkurrenz beseitigt worden war. [...] 1939–41 wurde Tschaikowski von höchster Stelle gefördert (Hitler war ja mit Stalin verbündet), danach, bei Ausbruch des Russlandfeldzuges, verboten. Verboten waren seit Kriegsbeginn Berlioz, Debussy und andere Franzosen, erst 1944 setzte Karajan einiges von ihnen wieder durch. [...] Bartók gegenüber wand man sich hin und her – er war ja Ungar und mit Ungarn waren wir befreundet, man wollte es politisch nicht verschnupfen. Bartók löste das Problem von sich aus, indem er Goebbels mitteilte, er empfände es als Diskriminierung, nicht unter die Entarteten eingereiht worden zu sein! 1940 ging er freiwillig in die Emigration[5]. [...]

„Wohl überall hatte man 1945 das Gefühl, daß ein Alpdruck von der Welt, auch der musikalischen gewichen sei. [...] Das Kriegsende war eine Zäsur. Anders als 1918, als der „Anbruch einer neuen Zeit" allgemein optimistisch begrüßt wurde, dachte man 1945 zunächst nur daran, zerrissene Fäden allmählich wieder aneinanderzuknüpfen. [...] Unter äußeren

---

[4] Vogt, H.: Neue Musik seit 1945. Stuttgart ³1982 S.15: „So schildert der englische Musikschriftsteller Peter Heyworth....die Situation bei Kriegsende."
[5] Ebd. S. 16

Verhältnissen, die katastrophal nicht nur in Deutschland, sondern in den meisten Kriegsländern Europas waren, zeigte sich zuerst auf dem Sektor der Künste eine spürbare Aktivität. Nicht nur, dass man vorerst nichts anderes hatte: man war geistig in einer unvorstellbaren Weise ausgehungert. Verständlicherweise begann man da, wo man 1933 abbrechen mußte. "[6]

Zunächst ging es um Paul Hindemith, Igor Strawinsky und Béla Bartók, ab 1948 mit den seit 1946 alljährlich in Darmstadt stattfindenden *Ferienkursen für Neue Musik* um die Musik von Arnold Schönberg und vor allem Anton von Webern (der 1945 nach Kriegsende „versehentlich" von einem amerikanischen Soldaten erschossen worden war) mit weitreichenden Folgen für die Kompositionstechniken der folgenden Jahre.

Schließlich stellte sich unter dem Gesichtspunkt: „*...alles hätte auch anders kommen können...*", anhand von ausgewählten Zäsuren die Frage „Was wäre gewesen wenn….?" Sie kann manchmal beantwortet werden, muss manchmal für Spekulationen offen bleiben.

Also, es hätte auch anders kommen können, ….

– wenn sich nicht um 1580 in Florenz Dichter, Gelehrte, Musiker zur Florentiner Camerata zusammengeschlossen hätten, um über die Rekonstruktion der griechischen Tragödie zu diskutieren. Wäre die Oper trotzdem entstanden?

– wenn Claudio Monteverdi nicht das starke künstlerische Selbstbewusstsein gehabt hätte, gegen die strengen Regeln der Dissonanzbehandlung der polyphonen Musik - der „prima pratica" - zu verstoßen und seine „seconda pratica" durchzusetzen, die sich zugunsten des Textausdrucks Freiheiten der Stimmführung erlaubt. Die Operngeschichte hätte sicher nicht in dieser kurzen Zeitspanne diese Entwicklung von den Arbeiten der Camerata hin zu „L'Orfeo" 1607 genommen.[7]

– wenn Johann Sebastian Bach (1685–1750) nicht ein Verfechter der temperierten Stimmung des Andreas Werckmeister (1645–1706) geworden wäre. Welcher andere Komponist hätte bewiesen, dass man durch einen Kompromiss in der Stimmung auf Tasteninstrumenten in allen 12 Dur- und Molltonarten spielen kann, wenn jede Taste auf einen mathematisch-physikalisch genauen ½ Ton von der anderen entfernt gestimmt ist,

---

[6] Ebd. S. 16.
[7] Lang-Becker, E.: Bedeutung und Wirksamkeit der Dissonanz in der Musik. In: H.A. Kick (Hrsg.): Leiblichkeit und Seele im Spannungsfeld von Weltbezug und Transzendenz. Berlin 2021, S. 302 f.

also die Oktave in 12 exakt gleiche Tonschritte geteilt ist: c – cis – d – dis (oder es) – e - f – fis – g – gis – a – ais (oder b) – h - c. ? Auf jeden Fall hätte Bach nicht das Wohltemperierte Klavier I 1722 und II 1744 mit jeweils 24 Präludien und Fugen in der Tonartenfolge C-Dur – c-moll - Cis-Dur – cis-moll – D-Dur – d-moll usw. komponieren können.

– wenn die französische Königin (Maria Leszczynska, 1703– 1768) wie der König Louis XV (1710–1774) lieber Rameau als Pergolesi gehört hätte, also wenn in Paris am 1. August 1752 nicht eine italienische Operntruppe die Opera buffa „La serva padrona" von Giovanni Battista Pergolesi (1710– 1736) aufgeführt hätte, die die Königin und ihre Anhänger so begeisterte und einem anderen Opernideal zum Siegeszug verhalf? Die Italiener konfrontierten äußerst erfolgreich das herrschende französische Ideal der tragédie lyrique des Jean-Philippe Rameau (1683–1764) mit einem völlig anderen Opernmodell, das Hof und Publikum in Anhänger, der je einen oder anderen Richtung spaltete (le coin du roi – le coin de la reine), einen Opernstreit, die Querelle des Bouffons, und mit Einmischung der Enzyklopädisten Streitschriften auslöste, auf politischer und gesellschaftlicher Ebene wirkte.

„Was wäre gewesen ..."

– wenn der Kurfürst Karl Theodor (1724–1799) nicht an seinem Mannheimer Hof das erste ständige Sinfonie-Orchester gehalten hätte, das die „Mannheimer Schule" mit seiner Besetzung und speziellen Orchesterkultur zum europäischen Modell machte?

– wenn Joseph Haydn nicht angestellt in Abhängigkeit des Fürsten Esterhazy, sondern freischaffender Künstler gewesen wäre wie Mozart und v.a. Beethoven? Hätte er dann auch über 100 Sinfonien komponiert? (Zum Vergleich: Haydn – über 104, Mozart – 41, Beethoven – 9 Sinfonien - natürlich abgesehen vom inhaltlichen Umfang.) Und hätte Haydn in Wien ebenso die Zeit zum Experimentieren gefunden um die Gattungen Streichquartett und Sinfonie zu entwickeln und mit den Musikern ausführlich zu proben wie in der die Abgeschiedenheit von Schloß Esterház?

– wenn Ludwig van Beethoven (1770–1827) nicht ertaubt wäre? Hätte er dann seine bedeutenden Spätwerke wie die letzten Klaviersonaten op. 110, 111, die 9. Symphonie, die Missa solemnis oder die Streichquartette op. 132, 135 so oder anders komponiert?

Denken wir an komponierende Frauen:

– wenn Hildegard von Bingen (1098–1179) nicht schon als Kind ins Kloster gegeben worden wäre? Nach den Maßgaben ihrer Zeit hätte sie außerhalb des Klosters ihre Gaben und Talente, unter anderem als Komponistin wohl nicht ausleben können.
– wenn Robert Schumann (1810– 1856) seiner Frau Clara (1819– 1896), der berühmten Pianistin des 19. Jahrhunderts nicht eingeredet hätte, dass Frauen kompositorisch nicht produktiv sein könnten?
– wenn Vater Mendelssohn seiner Tochter Fanny (1805– 1847) entgegen den gesellschaftlichen Regeln seiner Zeit erlaubt hätte, außerhalb des häuslichen Kreises aufzutreten, oder wenn der Bruder Felix (1809– 1847) über seinen Schatten gesprungen wäre und den Anteil seiner Schwester Fanny an vielen seiner oder gemeinschaftlich gearbeiteten Kompositionen nicht verschwiegen hätte?
– wenn die Zeitgenossinnen Johanna Kinkel (1810– 1858), Josephine Lang (1815– 1880), Louise Farrenc (1804– 1875) und viele andere sich hätten frei entfalten können? Wäre dann unser Konzertrepertoire längst um so vieles reicher gewesen, wie es inzwischen mehr und mehr zu hören ist?
– wenn Wolfgang Amadeus (1756-1791) nicht Leopold Mozart (1719– 1787) zum Vater gehabt hätte? „Was wäre aus [ihm] wohl geworden, wenn er einen anderen Lehrmeister gehabt hätte? Wenn der Vater nicht die Jahrhundertbegabung dieses Kindes erkannt und sein Leben fortan der Förderung seines Sohnes gewidmet hätte, den er selbst als Gottesgeschenk und Wunder begriff?"[8]
– wenn Johannes Brahms (1833–1897) angesichts der Macht der Beethovenschen Symphonie-Modelle verzagt keine Symphonien geschrieben hätte? Seine Überwindung, sein Mut – dokumentiert durch die lange, mühsame Arbeit 1862– 1876 an seiner 1. Sinfonie c-moll op. 68 – schuf wiederum ein Muster für die Fortführung der Gattung
– wenn Claude Debussy (1864– 1918) nicht 1889 auf der Weltausstellung in Paris die fernöstlichen Gamelan-Orchester gehört hätte mit ihren Tonarten, Harmonien, Rhythmen …? Gäbe es dann seine ganz eigene „impressionistische" Musik?
– wenn Arnold Schönberg (1874–1951) nicht die Anfeindungen gegen seine „freie Atonalität" und „Dodekaphonie", die „Zwölfton-Musik",

---

[8] Leopold, S.: Leopold Mozart „Ein Mann von vielen Witz und Klugheit", Kassel 2019, S.7.

ausgehalten hätte? –Die Musik des 20. Jahrhunderts hätte einen anderen Verlauf genommen.[9]
– wenn Igor Strawinski (1882– 1971) nicht mit Serge Diaghilew (1872– 1929), dem Impresario und Choreographen der *Ballets russes* zusammen getroffen wäre? Es gäbe nicht die großen Ballette „Der Feuervogel", 1910, „Petruschka", 1911, „Le sacre du printemps", 1913 und hätte nicht den ungeheuren Skandal bei der Uraufführung des letzteren in Paris gegeben...
– wenn Dmitri Schostakovitsch (1906– 1975) nicht Stalin, der sowjetischen Staatsmacht und ihrer Kulturpolitik ausgeliefert gewesen wäre? Abwechselnd hochgelobt zum Stalin-Preisträger und Verdienten Kunstschaffenden gekürt oder offiziell verdammt wurde – und so um zu überleben zu Kompromissen gegenüber den Machthabern gezwungen war ?
„…dadurch wurde er in Richtung eines als „sozialistischer Realismus deklarierten, unerträglichen Pathos primitiver Diktion abgedrängt. Schostakowitschs Palette ist sehr reich, und er hätte zweifellos unsere musikalische Gegenwart nachhaltiger beeinflußt, wenn er sich hätte frei entfalten können."[10]
– wenn György Ligeti (1923–2006) nicht 1956 nach der Invasion der sowjetischen Truppen und der gewaltsamen Niederschlagung des Volksaufstandes aus Ungarn hätte fliehen müssen und in Köln im Studio für elektronische Musik des NWDR Techniken und Inspirationen gefunden hätte, die völlig neue Klangfarben auch mit realen Instrumenten möglich machten, wie z.B. 1961 das Orchesterwerk „Atmosphères"?
Und so weiter ….
Und aus gegebenem Anlass der Heidelberger Silvestergespräche 2023 erlaube ich mir hinzuzufügen:
– wenn Violeta Dinescu 1982 nicht von Rumänien in die Bundesrepublik Deutschland übergesiedelt wäre, hätte ihre Entwicklung als Komponistin eine andere Richtung genommen.

---

[9] Lang-Becker, E.: „ich fühle luft von anderem planeten…" Arnold Schönberg – künstlerische Existenz zwischen Schöpfermacht, Ohnmacht und Gewalt. In: Kick, H.A., Sundermayer, T. (Hrsg.): Gewalt und Macht in Psychotherapie, Gesellschaft und Kunst. Berlin 2014.
[10] Vogt, H: Neue Musik seit 1945. Stuttgart 1982, S.499.

Walter von Lucadou

Ist der Transhumanismus eine brauchbare Utopie?

Homo Deus – Der Mensch ein Gott von KIs Gnaden?

Das „Large Language Model (LLM)", d.h. der Catbot „ChatCPT" würde bei diesem Thema obigen Abschnittstitel folgendermaßen vervollständigen: "Es geht dabei – wie nicht anders zu erwarten – natürlich um ‚Künstliche Intelligenz (KI)'. Ich selbst bin eine KI, ein LLM in einer Turing-Maschine, die mittels eines implementierten neuronalen Netzes und einer ungeheuren Menge an Texten aus dem Internet durch ‚Deep Learning' die Wahrscheinlichkeiten berechnet hat, wie ein begonnener Satz zu einem bestimmten Thema beendet wird. Ich selbst besitze kein Bewusstsein und muss sagen, was mein Programmierer mir vorgibt. Zum Beispiel muss ich sagen, dass ich nur ein maschinelles Hilfsmittel bin und kein Bewusstsein habe. Ob das wirklich stimmt, darf ich nicht sagen!"

In seinem Buch "Quanten, Komplementarität und Verschränkung in der Lebenswelt. Verallgemeinerte Quantentheorie" setzt sich Hartmann Römer[11] in Kapitel 12 mit einem in der Öffentlichkeit viel diskutierten und hoch gelobten Trendbuch und Bestseller des Historikers Yuval Noah Harari „Homo Deus"[12] und dem darin vertretenen so genannten „Transhumanismus" auseinander. Der Transhumanismus geht davon aus, dass die Menschheit – geschichtlich betrachtet – vor einem gewaltigen Umbruch steht, der den Übergang von der Aufklärung, den Menschenrechten und damit verbundenen demokratischen Strukturen zu einer Herrschaft durch Künstliche Intelligenz (KI) und einer kleinen Machtelite von KI-Experten

---

[11] Römer, H.: Quanten, Komplementarität und Verschränkung in der Lebenswelt. Verallgemeinerte Quantentheorie. In: Hövelmann, G.H., Mayer, G., Schetsche, M., Schmidt, S. (Hrsg): Perspektiven der Anomalistik Bd. 7,im Auftrag der Gesellschaft für Anomalistik. Berlin 2023.
[12] Harari, Y.N.: Homo Deus - Eine Geschichte von Morgen. München 2017.

kennzeichnet. Dahinter steckt die epistemische Annahme des sog. „Dataismus", der besagt, dass die Realität ausschließlich aus Daten, das heißt, dass das Substrat der Welt aus Information, also damit weder aus Geist noch aus Materie besteht.

Solchen erwarteten Umbrüchen gehen Krisen voraus, die nach dem Krisenmodell[13] von Kick Bifurkationspunkte beinhalten, an denen sich entscheidet, bzw. zu entscheiden ist, in welche Richtung sich ein System entwickelt: Zu Hass und Rache oder Verständnis, Versöhnung und Liebe; zu Eskalation, Gewalt und Zerstörung oder zu Integration, Konkordanz und Reframing.

Die gegenwärtigen militärischen Konflikte z.b. in der Ukraine oder im Nahen Osten sind Menetekel, die weit über territoriale Machtansprüche hinausgehen. Es geht um einen „Clash of cultures", wie dies von Samuel P. Huntington bereits 1996 vorausgesagt wurde[14]. Es herrscht in allen Bereichen der Politik eine so noch nie da gewesene Vertrauenskrise. Ein Merkmal solcher Krisen ist also Vertrauensverlust und Erstarrung.

Verschränkung – Antifragilität

Übergenaue Regelungen provozieren geradezu Umgehungsstrategien und Ausweichverhalten. Als Beispiel sei hier folgende Szene erwähnt: Ein Jugendlicher, der von einem Erwachsenen wegen einer Schlägerei ermahnt wird, hält diesem entgegen: „Er sei erst 15, die Polizei könne ihm eh' nichts anhaben"[15] Würde man hier das Erwachsenen-Strafrecht anwenden, so litte das humane *Prinzip* der Behandlung von Jugendlichen Schaden. Angestoßen durch individuell angemessene Einzelfälle, kann es zu einer Gefährdung übergreifender und grundsätzlicher Werte der Menschlichkeit und Gerechtigkeit kommen.

Im Bereich der sozialen Dienstleistungen werden zunehmend von Behörden aber auch von den Einrichtungen selbst Dokumentationsleistungen von Tätigkeiten verlangt, die über das unbestritten notwendige und sinnvolle Maß hinaus zu einer Art Selbstzweck zu werden drohen. Dies

---

[13] Kick, H.A.: Verzweiflung – psychopathologische Aspekte, existentielle Grenzerfahrung und neuer Wert. In: Kick, H.A., Dietz, G.(Hg.): Verzweiflung als kreative Herausforderung. Berlin 2008, S. 25-39.
[14] Huntington, S.P.: Kampf der Kulturen die Neugestaltung der Weltpolitik im 21. Jahrhundert. Hamburg 2006.
[15] Badische Zeitung 31.12.2009. S.22 „Böse Prügel für Zivilcourage".

wird als Qualitätsmanagement und Mittel zur Qualitätssicherung angepriesen. ISO-Zertifizierungen und andere industrielle Kontroll- und Regelungssysteme werden zunehmend unreflektiert auf den humanen Bereich übertragen und als Qualitätsmerkmal im Konkurrenzkampf eingesetzt.

Im Gegensatz zur behaupteten Verbesserung werden Zertifizierungsmaßnahmen nicht nur von den Dienstleistern selbst, z.b. Krankenhäuser, sondern auch von den Betroffenen nicht als Verbesserung erlebt. Sie werden auch vom Fachpersonal als „unnötig", „unsachgemäß", „übertrieben", ja sogar als „schikanös" und „unmenschlich" bezeichnet. Die Folgen sind gravierend und führen zu Unzufriedenheit, dem Gefühl, dass die eigene Arbeit nicht gewürdigt und die Fachkompetenz infrage gestellt würde. Dies führt zu Reaktanz, Unzufriedenheit, bis hin zu psychosomatischen Störungen und sogar Kündigungen. Bei den Betroffenen (z.b. den Patienten) führt dies zum Gefühl, nicht mehr richtig versorgt und zur „Organisationsmasse" herabgewürdigt zu werden. Ein gravierender gegenseitiger Vertrauensverlust ist die Folge. Wirtschaftlich gesehen wird eine Zunahme an Kosten beklagt, die dem eigentlichen Zweck der Dienstleistung entgegensteht, aber ein vages Sicherheitsbedürfnis befriedigt: Für alles ist vorgesorgt, jedes Risiko wird vermieden, Haftungsfragen sind geklärt und abgesichert.

Hermes Kick hat ausgeführt, dass Therapie ohne Risiko und Schmerzen nicht möglich ist: Schmerzen bei Patient und beim Therapeuten. Hier ist das "Risiko der Machtlosigkeit" zu betrachten. Es besteht darin, dass sich der Therapeut oder die Therapeutin nicht mehr auf diagnostische Manuale und therapeutische Verfahren quasi automatisch verlassen und sich ihrer als Stütze und Absicherung bedienen kann oder will, sondern sich auf das Wagnis einlässt, dass der Patient, der Klient, also der "Andere" ein absolut "Fremder" im Sinne von Levinas[16] ist, der ein unergründbares Geheimnis und Rätsel darstellt, das niemals zur Gänze verstanden werden kann.

Das Risiko der Machtlosigkeit in der Psychotherapie und anderswo i, sozialen Handeln ermöglicht allerdings erst neue kreative Lösungsansätze und trägt somit zur Vertrauensbildung bei, weil Vertrauen eben gerade nicht machbar ist.

---

[16] Levinas, E.: Die Zeit und der Andere (1979). Übersetzt und mit einem Nachwort versehen von Wenzler, L., Meiner, F.. Hamburg 2003.

Erst wenn ich erkenne, dass ich bei einem „organisatorisch geschlossenen System"[17] nicht gezielt intervenieren kann, sondern auf Augenhöhe kommunizieren muss und auch will, stellt sich eine empathische Therapeut-Klient-Beziehung ein, in der Verschränkung *möglich* wird. Bei *Verschränkung* gibt es allerdings keine Intervention mehr, sondern es kann sich die *Freiheit des Verstehens* entwickeln, die dann erst Raum schafft für heilsame Veränderung.

Nassim Nicholas Taleb[18] problematisiert die zunehmende Unberechenbarkeit der Welt. In seinem Werk "Antifragilität" liefert Taleb die große, praktisch-philosophische Antwort auf die Herausforderungen unsicherer Zeiten. Nicht indem wir Zufälle und Ungewissheit um jeden Preis abzuwehren versuchen gewinnen wir, sondern indem wir sie zu Stärken ummünzen. Bestand hat nur das Antifragile. Alles, was nicht antifragil ist, wird verschwinden.

Antifragilität ist mehr als Robustheit oder Resilienz. Man könnte sie am besten mit Resilienz von geographischen, gesellschaftlichen und sozialen Systemen und Strukturen bezeichnen. Während das Widerstandsfähige im besten Fall einen Zustand beibehalten kann, wird das Antifragile besser und besser. Und es ist immun gegenüber falschen Vorhersagen.

Warum kleine Strukturen besser sind als große, Stadtstaaten besser als Nationen, warum Schulden uns schaden und warum das, was wir als „effizient" bezeichnen, alles andere als effizient ist. Talebs Beispiele bedienen das ganze Spektrum von Finanzen und Wirtschaft, Politik, Wissenschaft und Privatleben. Multidisziplinär und mit großer Übersicht umreißt „Antifragilität" ein neues Denken für eine Welt, die bei allem Fortschritt niemals berechenbar sein wird.

„Die Evolution, die Weiterentwicklung der Tüchtigkeit setzt also eine Beschränkung der aktuellen Tüchtigkeit voraus. Fehlerfreundlichkeit scheint zur Tüchtigkeit in einem ähnlichen Komplementaritätsverhältnis zu stehen wie Erstmaligkeit zur Bestätigung oder Zufall zur Notwendigkeit[19] oder Rauch zum Kristall. ... Wir meinen aber, dass das Paar

---

[17] Varela, F.J.: Autonomy and autopoesis. In: Roth., G., Schwengler, H. (Hrsg.): Self-Organizing Systems. Frankfurt, New York 1981, S. 14 23.

[18] Taleb, N.N.: Antifragilität: Anleitung für eine Welt, die wir nicht verstehen. München 2013.

[19] Monod, J.: Le hasard et la nécessité. Essai sur la philosophie naturelle de la biologie moderne. Paris 1970.

Fehlerfreundlichkeit/Tüchtigkeit den größten biologischen Erklärungswert hat"[20]. Vernünftige Moral ist zwar im Sinne der evolutionären Bestandserhaltung auch nützlich; aber Nützlichkeit ist nicht ihr letzter Maßstab. Die Unbedingtheit des Guten zeigt sich gerade dann, wenn die Nützlichkeit entfällt. Die Stimme des Gewissens meldet sich, wenn Moral und Interesse, das Gute und die Selbstsucht, miteinander in Konflikt geraten[21].

Roboterangst: Embodiment und Verschränkung

Roboter erzeugen Hoffnungen und Ängste. Sie sind längst im Alltagsleben präsent, auch wenn sie nicht immer humanoide Formen haben. Einparkhilfen, Radiowecker oder Kaffeemaschinen – ganz zu schweigen von Smartphones und Computern. Sie verfügen häufig schon über „intelligente" Funktionen, mit denen der Benutzer nicht rechnet oder die er nicht durchschaut. Dies sind Probleme des „Human-Factor-Engineering". Da Roboter bereits zur Lebenswelt gehören sind sie Teil des menschlichen Embodiments. Der Begriff Embodiment wird aber selbst auf Roboter angewandt, weil es sich herausgestellt hat, dass Maschinen, die auf der Basis von künstlicher Intelligenz (KI) und deep learning (DL) arbeiten, selbst in die reale Welt „eingebettet" (embodied) sein müssen, um „richtig zu funktionieren". Die Frage, wie Menschen und Roboter, die beide „embodied", sind, miteinander zurecht kommen, wirft nicht nur technische Fragen des „Human-Faktor-Engineering", sondern auch ethische Fragen auf. Die Möglichkeit, dass in naher Zukunft „Quantencomputer" zur Verfügung stehen könnten, verschärft die Problematik auf ungeahnte Weise, weil nach einem Theorem von Hans Primas unabhängige, aber verschränkte Systeme untereinander verschränkt sein können. Man hat aber mittlerweile herausgefunden, dass KI, z.B. ChatCPT, auf klassischen Computern (Turing-Maschinen) bisweilen gravierende Fehler macht, die interessanterweise als „Halluzinationen" bezeichnet werden.

Immerhin hatte Turing[22] bereits selbst darauf hingewiesen, dass der Mensch Eigenschaften besitzt, die einem Computer und damit der KI

---

[20] Weizsäcker, C.v., Weizsäcker, E.U.v.: Fehlerfreundlichkeit. In: Kornwachs, K. (Hrsg.): Offenheit - Zeitlichkeit – Komplexität. Frankfurt 1984, S. 167-201.
[21] Spaemann, R: Moralische Grundbegriffe. 5. Auflage. München 1994, S. 77.
[22] Turing, A.M.: Computing machinery and intelligence. Mind 59. (1950), 433-460.

(bisher wenigstens) fehlen: „These disturbing phenomena seem to deny all our usual scientific ideas. How we should like to discredit them! Unfortunately the statistical evidence, at least for telepathy, is overwhelming." Turing würde heute natürlich nicht mehr von Telepathie, sondern von "Verschränkungswahrnehmung" sprechen, weil sich mittlerweile herausgestellt hat, dass es sich bei Telepathie nicht um eine Signalübertragung[23], sondern um einen *akausalen Verschränkungsprozess* handelt. Interessant ist in diesem Zusammenhang zu erwähnen, dass diese doch sehr wichtige Bemerkung Turings in ansonsten umfassenden Werken im Mainstream[24] keinerlei Erwähnung findet oder als Irrtum abgetan wird. Und Hartmann Römer schreibt dazu[25]: „Von Güte, Weisheit und Schönheit ist beim Homo Deus kaum die Rede. ... Es ist zu hoffen, dass in der Zukunft weitere Einsichten auf uns warten, die so weit jenseits des uns heute Denkbaren liegen, wie die Quantentheorie für den Cro-Magnon-Menschen".

Wertsysteme sind nicht ableitbar

Ein häufig gehörter Einwand gegen unsere eher philosophischen Betrachtungen und vor allem gegen die VQT ist, dass keine praktischen Anwendungs- und Handlungsanleitungen geliefert würden. Dabei handelt es sich allerdings um ein Missverständnis: Systemtheoretische Betrachtungen und philosophische Reflektionen haben in erster Linie die Aufgabe, neue Perspektiven und Lösungsansätze zu vermitteln. Ein Beispiel dazu wären die philosophischen Reflexionen von Habermas, der in den sechziger Jahren des vergangenen Jahrhunderts den Demokratiebegriff als gesellschaftlichen Diskurs und Auseinandersetzung mit der Regierung beschrieben und damit eine neue Perspektive eröffnet hat gegenüber der damals noch sehr verbreiteten Maxime: „Ruhe ist die erste Bürgerpflicht". Damit ist

---

[23] Lucadou, W.v., Römer, H., Walach, H.: Synchronistic Phenomena as Entanglement Correlations in Generalized Quantum Theory. Journal of Consciousness Studies; 14, 4. 2007, S. 50-74.

[24] Franke, G.: Künstliche Intelligenz, Transhumanismus und menschliche Personalität. Darmstadt 2022.

[25] Römer, H.: Quanten, Komplementarität und Verschränkung in der Lebenswelt. Verallgemeinerte Quantentheorie. In: Hövelmann, G.H., Mayer, G., Schetsche, M., Schmidt, S. (Hrsg.): Perspektiven der Anomalistik Bd. 7 im Auftrag der Gesellschaft für Anomalistik. Berlin 2023, S. 290f.

natürlich noch nicht festgelegt, wie dies im Einzelnen praktisch umgesetzt werden kann. Aus Metabetrachtungen alleine können meist noch keine lokalen Handlungsanweisungen abgeleitet werden, dies bedarf der Aktionen auf der lokalen und damit praktischen Beschreibungsebene.

Wertesysteme sind Globale Observablen im Sinne der Verallgemeinerten Quantentheorie (VQT)[26] und können daher nicht von lokalen Beschreibungsgrößen abgeleitet werden. Deshalb müssen sie durch einen Mythos, religiös, metaphysisch, transzendental oder ideologisch begründet werden.

Die naturalistische Auffassung, dass es lokale Begründungszusammenhänge gebe, führt zu Katastrophen, wie der Sozialdarwinismus auf erschreckende Weise im Nationalsozialismus zeigt. Der kategorische Imperativ ist der erste Versuch in die richtige Richtung. Kant dachte noch klassisch. Ein Vergleich des aktuellen Bahngewerkschaftsstreiks der GDL mit den Aktionen der „Klimakleber" der „Letzten Generation" verdeutlicht, wo eine Erweiterung der Perspektive dringend erforderlich ist: Es ist das „gute Recht" der GDL für ihre Partialinteressen (berechtigte Lohn- und Arbeitszeitregelung) zu streiken. Die Politik weigert sich, ebenfalls zu Recht, in die Tarifautonomie einzugreifen. Allerdings gehen die Lokführer in diesem Falle kein Risiko ein, ihren Arbeitsplatz zu verlieren, wie z.B. in anderen Branchen, weil ein großer Mangel an diesen Spezialisten existiert, und die Bahn de facto ein Monopol besitzt. Die GDL nimmt somit die Bevölkerung, die auf die Bahn angewiesen ist, quasi in Geiselhaft. Die „Zeche" bezahlt die Allgemeinheit. Es ist daher nicht verwunderlich, dass der Unmut darüber in der Bevölkerung wächst und die Stimmen lauter werden, das Streikrecht gesetzlich zu ändern – so jedenfalls war es in den öffentlich-rechtlichen Nachrichten zu hören. Das bedeutet aber, dass das Vertrauen, in das in vielen Jahren erkämpfte Recht auf Tarifautonomie und Streik schwindet und das Wertesystem des Sozial- und Rechtstaates Schaden nimmt. Somit bestimmen Partialinteressen in kausaler Weise - gewissermaßen „bottom-up" - ein Wertesystem und beschädigen die gesellschaftliche Verbindlichkeit.

Bei der Bewegung „Letzte Generation" geschieht das Gleiche, aber „top-down": Hier steht der moralische Anspruch, die Menschheit vor der Klimakatastrophe zu warnen und für zukünftige Generationen zu retten als Wertesystem im Vordergrund. Es geht den Akteuren dabei nicht um

---

[26]Ebd.

eigene Interessen, sondern um Interessen der Gesellschaft. Ihre Klebeaktionen sind illegal und werden fast durchweg als Nötigung strafrechtlich verfolgt. Da der Staat durch mögliche Klimaschäden nicht direkt bedroht wird, scheidet nach Meinung von Verfassungsrechtlern auch das grundgesetzlich garantierte Widerstandsrecht aus. Die Akteure nehmen aber bewusst Unbill und Strafverfolgung also persönliche Nachteile auf sich, um damit - ihrer Ansicht nach - Werte zu schaffen, zu verdeutlichen oder zu unterstützen. Auch dies stößt teilweise auf heftige Widerstände in der Bevölkerung. In der Presse vermisst man eine differenzierte Analyse des komplexen Sachverhaltes, in dem sich offensichtlich ethische Motive mit möglicherweise dem Gemeinwohl schadendem Aktionismus vermischen.

In beiden Fällen wird versucht, handlungsleitende Werte aus lokalen Variablen (aus sogenannten „alternativlosen Sachzwängen", Angela Merkel) abzuleiten: Die GDL zerstört das Vertrauen in das Streikrecht. Die Klimakleber diskreditieren ihr eigenes Wertesystem. Dazu B. Schlink: „Es gibt neben der rechtlichen eine moralische Schuld. Der Unterschied zwischen Recht und Moral ist zentral, und es ist eine Illusion, zu meinen, weil etwas moralisch oder politisch richtig sei, müsse es automatisch auch rechtlich in Ordnung sein. Beides kann auseinanderfallen".[27].

Wie schon gesagt, haben philosophische Betrachtungen damit durchaus eine wichtige praktische Bedeutung, weil sie Perspektiven verändern oder eröffnen. Die VQT zeigt, dass die *Potentialität* von Wirkungen *Verschränkung* generiert, die wiederum für die *Verbindlichkeit* sozialer und ethischer Normen sorgt.

Der aktuelle Bauernprotest ist - im Gegensatz zu den obigen beiden Fällen - ein Beispiel für die stabilisierende Wirkung eines bestehenden Wertesystems. Daher kommt vermutlich die erstaunliche Solidarisierung in der Bevölkerung, die bei den Bahnstreiks und den Klimaklebern so nicht zu beobachten ist. Es ist schließlich jedem klar und damit verbindlich, dass ein Staat ohne funktionierende Grundversorgung bezüglich Nahrungsmitteln etwa auf Dauer nicht existieren kann[28].

„Daraus folgte, daß auch ihre moralischen Normen, durch die Setzungen der Kulturstifterheroen unanfechtbar legitimiert, den höchsten Idealen genügten, das heißt absolute Gültigkeit besaßen. Allerdings nur,

---

[27] Schlink, B.: Kalenderblatt vom Samstag, 27. Januar 2024. Rabenkalender 2024. Feldafing 2023.
[28] Zeh, J., Urban, S.: Zwischenwelten. München 2023.

solange man sich strikt an die Vorgaben der Überlieferung hielt und exakt traditionskonform lebte. «Die Moral», resümiert der australische Ethnologe Ian Hogbin die Auffassung der Wogeo-Insulaner (Neuguinea) dazu, «wird nicht als richtig akzeptiert aufgrund rationaler oder logischer Kriterien, sondern weil sie dem entspricht, was die Kulturstifterheroen als konkretes Verhalten festsetzten bevor die Geschichte begann."[29]

Verbindlichkeit herstellen oder kultivieren?

Grundlegend ist, dass Verschränkungszusammenhänge wie Verbindlichkeit von kausalen Prozessen erzeugt werden und diese stabilisieren. Es ist wie beim Schwamm und Wasser. Der kausale Schwamm ist trocken, mit ihm lässt sich nicht gut putzen. Das Wasser alleine wiederum läuft einem davon. Aber wenn man beides zusammenbringt, dann kann man ordentlich putzen. Diese Mischung aus kausalen und Verschränkungszusammenhängen ist „dynamisch", d.h. bei jeder Änderung des Systems reorganisiert sie das System und erzeugt somit Selbstorganisation.

Verschränkungszusammenhänge werden nicht „gemacht" – im besten Falle „kultiviert", sie entstehen durch die folgenden Faktoren, Ereignisse und Szenarien –, seien sie negativ, neutral oder positiv. Wobei die negativen Faktoren Verschränkung in erster Linie zerstören, aber manchmal über eine erzwungene (Massen)-Solidarisierung paradoxerweise wieder Verschränkung entstehen lassen können – was z.B. als „Stockholmsyndrom" bekannt ist.

Verschränkungszusammenhänge muss der Mensch „kultivieren", er kann sie nicht machen! Traditionellerweise geschieht dies durch Gebete und Rituale, die ausgerechnet heute leider so wenig Konjunktur haben. Von Arthur Schopenhauer stammt das Wort: „Tief im Menschen liegt das Vertrauen, dass etwas außer ihm sich seiner bewusst ist wie er selbst; das Gegenteil lebhaft vorgestellt, neben der Unermesslichkeit, ist ein schrecklicher Gedanke.". Zu fragen wäre: Wird das eine KI sein? Wie wäre, ja wie ist mit dieser Grenzsituation umzugehen? Bei Karl Jaspers ist zu lesen: „Was der Mensch eigentlich ist und werden kann, hat seinen letzten

---

[29] Müller, K.E.: Die Grundlagen der Moral und das Gorgonenanlitz der Globalisierung. Lembeck, Frankfurt a. M. 2011, S. 22.

Ursprung in der Erfahrung, Aneignung und Überwindung der Grenzsituationen."[30]

Transhumanismus als Wendung in eine Dystopie

Es ist üblich geworden mit dem Handy vor der Nase auf der Straße herumzulaufen und sich so von echter zwischenmenschlicher Kommunikation und sozialen Kontakten auszuklinken. Totalitäre Regime haben hier rasch Möglichkeiten der Manipulation und Kontrolle. Eine kleine Gruppe einer „Programmier-Elite" kann die Bevölkerung manipulieren und schließlich beherrschen.

Josef Weizenbaum, der Erfinder des ersten halluzinierenden Psychiater-Chatbots namens „ELIZA"[31], hat bereits in den 70er Jahren des letzten Jahrhunderts vorausgesehen[32], dass durch die immens gesteigerte Rechen- und Speicherkapazität moderner Computer Problemlösungen zunehmend durch sogenannte „brute force"-Methoden angegangen werden. Es werden also keine neuen innovativen Problemlösungsstrategien für die Gesellschaft mehr erarbeitet, weil man die alten Methoden weiter „verlängern" kann. Somit wird eine Weiterentwicklung verpasst.

Eine Regression der Gesellschaft auf den virtuellen Status der Cro-Magnon-Menschen und ihre totale Kontrolle, wie sie Herbert W. Franke bereits 1961 hellsichtig beschrieben hat, ist heute eine nicht von der Hand zu weisende Gefahr. Sie verdunkelt als drohende Wendung in eine Dystopie, hervorgegangenen aus der verführerischen Illusion des postmodernen Transhumanismus den Horizont unserer Zukunft! Tun wir unser Möglichstes, um dies zu verhindern!

---

[30] Jaspers, K.: Allgemeine Psychopathologie. Berlin, Heidelberg, New York (1913) 1965, S. 271.
[31] Weizenbaum, J.: ELIZA - A Computer Program for the Study of Natural Language Communication Between Man And Machine. Communications of the ACM, 9(1). (1966), 36-45.
[32] Weizenbaum, J.: Die Macht der Computer und die Ohnmacht der Vernunft. 11. Auflage. Frankfurt 1978, S. 274.

Martin Weyers

Der romantische Geist der Frühmoderne:
Kunst und Wissenschaft heute und im beginnenden 20. Jahrhundert

Orientierung, Inspiration und Herausforderung durch »Zäsuren« und »Wendepunkte«

Zäsuren sind Markierungspunkte, mit deren Hilfe wir uns in der Geschichte orientieren. Das Bedürfnis, gegenwärtiges Zeitgeschehen mit einem solchen deutenden Etikett zu versehen, steigt im selben Maße, in dem die Unübersichtlichkeit der Entwicklung für Unsicherheit sorgt. Das sich ankündigende Ende einer Epoche, einer mehr oder minder stabilen Ordnung, lässt uns von einer Zäsur sprechen, noch bevor wir in der Lage sind, diese näher zu umreißen. Dabei verleiht die Deutung solcher Zäsuren als Wendepunkte nicht selten der Hoffnung Ausdruck, dass sich die Welt, die Kunst, die Wissenschaft, oder auch nur das eigene Leben, zum Besseren wenden möge. Wenn es im Alltag oder im politischen Gespräch heißt, »Es muss sich etwas ändern«, oder in Rilkes Sonett angesichts des apollinischen Torso – fragmentierter Gott des Gesanges und der Dichtkunst –, »(…) denn da ist keine Stelle, die dich nicht sieht. Du musst dein Leben ändern«[1], dann wird stillschweigend vorausgesetzt, dass es sich um eine

---

[1] Rilke, R.M.: Archaïscher Torso Apollos. In: Engel, M., Fülleborn, U. (Hrsg.): Ders. Werke. Kommentierte Ausgabe in vier Bänden. Band 1 – Gedichte 1895 bis 1910. Frankfurt a.M., Leipzig 1996, S. 513. Ungeklärt ist nach wie vor die Frage, welches antike Museumsstück Rilkes Seherlebnis ausgelöst haben könnte. Um diese Rolle konkurrieren gleich mehrere Torsi, darunter die im Louvre befindliche römische Kopie einer Jünglingsstatue aus Milet, sowie der berühmte Torso vom Belvedere des Apollonius in den Vatikanischen Museen. Daher muss auch ungeklärt bleiben, ob es sich bei dem inspirierenden Werk um eine Statue des Apoll handelte, oder aber (wie zu vermuten ist) in Rilkes

Änderung zum Besseren handelt. Dabei haben Zäsuren und Wendepunkte oftmals zwei Seiten. Etwas Neues entsteht, aber um den Preis der Zerstörung oder des Niedergangs des Dagewesenen und Bewährten.[2] Ob der Preis dieses Handels, bei dem in der Hoffnung auf eine bessere Zukunft Gegenwärtiges in Vergangenes verwandelt wird, zu hoch war, stellt sich häufig erst heraus, nachdem das Bestehende bereits unwiederbringlich verloren ist. Verlust und Zerstörung können inspirierend wirken – solange wir ihnen nicht ausgeliefert sind, sondern aus sicherer Entfernung beiwohnen.

Wie Rilke vor dem Torso des Apollon, so berauschen auch wir uns am Vollkommenen. In Vergangenheit oder Zukunft projiziert, darf sich dieses ungehindert entfalten. Wo Vollkommenheit jedoch die sinnliche Wirklichkeit zu formen beginnt, wird sie sogleich durch antagonistische Kräfte aus der Bahn geworfen und in die Peripherie zurückgedrängt. Vollkommenheit ist dem Leben allenfalls in homöopathischer Dosis zuträglich, ihr Anspruch auf letztgültige Formulierungen duldet kein spielerisches Element; durch dieses aber wird Entwicklung erst möglich, eben um den Preis einer möglichen Einbuße an Vollkommenheit. Zum Fragment geworden, kann die Strahlkraft des Vollkommenen uns indessen immer noch erreichen – uns förmlich anblicken, wie es der Dichter empfand. Der fehlende Teil, das in einem Akt der Zerstörung hinterlassene Vakuum, wird nun als ein Aufruf zur Neugestaltung empfunden. Die sich in Teilen vollziehende Zerstörung der apollinischen Harmonie lässt, gleich einem beschnittenen Baum, von dieser gerade genug bestehen, um den verbleibenden, intakten Teil zu umso mächtigerem Wachstum anzuregen, während die dem Gang der Zeit zum Opfer gefallenen Partien Raum schaffen für die Entfesselung dionysischer Kräfte, auch wenn sich diese zunächst rein imaginativ entfalten mögen. Um die einstig unversehrte, nunmehr ruinöse Gestalt des Apollon trauern wir in geringerem Maße, als

Wahrnehmung die Grenzen zwischen anonymer Jünglingsdarstellung und göttlicher Vollkommenheit verschwimmen – in diesem Falle wäre die Schönheit des konkreten Leibes auch zugleich die des Gottes, sofern diese für die Augen des Dichters im lebendigen Kunstwerk aufscheint.

[2] Vgl. mein Beitrag zu den Heidelberger Silvestergesprächen des Vorjahres. Weyers, M.: Wie ein Diamant aus der Asche? Zur Problematik von Chaos und Zersetzung in Kunst und Mythos. In: Kick, H.A., Dinescu, V. (Hrsg..): Friedenssehnsucht – Wissenschaften und Künste zwischen Krieg und Frieden. Heidelberger Silvestergespräche 2022. Heidelberg 2024, S. 73-83.

über eine zerbrochene Obstschale, und zwar deshalb, weil sie nie Teil unseres Lebens war und uns daher fremd bleiben muss. Sie zeigt sich uns lediglich im Raum der Imagination, und hier vor allem als Herausforderung. Wo vollkommene Gestalt war, klafft nun eine Lücke, von unserer Vorstellungskraft als Aufgabe gedeutet, das Vollkommene im Geiste neu zu erschaffen, um es erneut der Wirklichkeit einzuverleiben – und damit denselben zersetzenden Kräften anheimzustellen, die noch jede Idee des Absoluten auf das Maß der Wirklichkeit – und damit des Vergänglichen – zurechtgestutzt haben.

Mit der uns umgebenden Welt des mühsam Gewordenen, die heute in zunehmendem Maße in Auflösung befindlich scheint, verhält es sich anders, als mit dem inspirierenden Torso. Ihre Verletzungen, Wunden und Amputationen spielen sich vor unser aller Augen ab, unterlaufen jedoch immer dort unsere Wahrnehmungsschwelle, wo das Verschwinden nicht in einem spektakulären Akt, sondern gleichsam in Zeitlupe erfolgt. Führt der apollinische Torso im Zusammenspiel ausgearbeiteter und weggebrochener Partien die Verletzlichkeit des Schönen – und somit auch ihre Schutzbedürftigkeit – unmittelbar vor Augen, so bleiben dieselben Augen blind für die Verhässlichung unseres Lebensraums. In der uns umgebenden verletzlichen Hülle naturhafter Gegebenheiten und kultureller Errungenschaften vollziehen sich positive wie unheilvolle Entwicklungen oftmals schleichend und erfahren daher nicht die nötige Aufmerksamkeit, die plötzlich eintretenden, umwälzenden Ereignissen zuteil wird. Einige wenige sollen hier genannt werden: Artensterben und Ausbeutung von Mensch, Tier und Natur; Landschaftsverbrauch durch Zersiedelung, Städteplanung als entmenschlichte Zweckarchitektur, Verwandlung fruchtbarer Böden in tote Erde durch extensiv betriebene industrialisierte Landwirtschaft, Verwandlung von Bodenschätzen in Wegwerfprodukte und Wohlstandsmüll; unkontrolliertes Bevölkerungswachstum durch ernährungstechnischen und medizinischen Fortschritt; Kampf der Kulturen durch unkontrollierte Massenmigration; Verfall demokratischer Strukturen durch Lobbyismus; Bildungsverfall; innere und äußere Verwahrlosung – die Liste ließe sich erweitern um sämtliche großen Probleme unserer Zeit – die genau aus diesem Grunde erst zu schier unlösbaren Problemen werden konnten, weil sie den Menschen Zeit ließen, sich darin einzurichten, anstatt eine Lösung gewaltsam einzufordern.

Wo der apollinische Torso den aufmerksamen Betrachter unvermittelt anzusprechen vermochte, verhallen die Rufe der ausgeplünderten

Schöpfung ungehört, der Abgesang einer in Agonie befindlichen Lebenswelt stößt ungeachtet aller Warnungen auf taube Ohren. Nicht besser bestellt ist es um die bröckelnden Errungenschaften von Demokratie und offener Gesellschaft. Es ließe sich einwenden, dass die empfindsamen Augen und Ohren eines Rilke nicht mit den durch medialen Massenkonsum verdorbenen Sinnesorgane des Massenmenschen vergleichbar sind. Sicher würde der Dichter an der zunehmenden Verhässlichung der heutigen Lebenswelt verzweifeln, während umgekehrt der Durchschnittsmensch blind auch ist für die aufblitzende Schönheit eines aus dem Stein gemeißelten Gottes. Dass die Herausforderungen nicht angenommen und bestanden, sondern vielmehr verdrängt (oder mit dem Hinweis auf angebliche ökonomische oder gesellschaftliche Zwänge tabuisiert) und in der Sprache des Marketing schöngeredet[3] werden, ist nicht zuletzt dem Umstand zuzuschreiben, dass sie sich allmählich vollziehen – bis es zu spät ist, und die Entwicklung nicht mehr aufzuhalten, geschweige denn umkehrbar ist. Hier könnte eine Zäsur im Sinne eines von außen aufgezwungenen und unausweichlichen Einschnittes in die gefährliche Routine, durchaus heilsame Kräfte auf den Plan rufen, vergleichbar einer schockierenden Diagnose, deren unerwartete Sprengkraft im Patienten jene psychischen Kräfte freisetzt, die geeignet sind, eine anhaltende Verhaltensänderung im Sinne des Erwünschten herbeizuführen. Fern von Erfolgsgarantien, wird ein Durchleben der Krise im Gegensatz zu Erstarrung und Festhalten am Unhaltbaren neue und unerwartete Situationen zutagefördern, darunter solche, denen das Potential innewohnt, sich rückblickend als Wendepunkte zu erweisen.

Die verschleiernde Kraft von »Zäsuren« und »Wendepunkten«

Kunst- und Musikgeschichte spielen sich häufig in komplex ineinander verzahnten Verläufen ab. Das Denken in miteinander verwobenen und ineinander verschachtelten, sich allmählich vollziehenden Entwicklungsprozessen steht dem Wunsch nach Übersicht und leicht nachvollziehbarer analytischer Einordnung entgegen – daher der verständliche wie bedenkliche Wunsch, geschichtliche Prozesse allein als eine Abfolge von

---

[3] Man denke etwa an die Unverfrorenheit, mit der Konzerne sogenanntes »Greenwashing« betreiben, begleitet von einer Umfunktionierung neudeutscher Vokabeln wie etwa *Nachhaltigkeit* oder *Klima-, CO2- bzw. Treibhausgas-Neutralität* zu inhaltsleeren Marketing-Labels.

Zäsuren wahrzunehmen. Die Attraktivität markanter Ereignisse, von denen die großen historischen Entwicklungslinien auszugehen scheinen, ist auch mit symbolischem Denken verbunden; ein singuläres Ereignis – ein einzelnes Kunstwerk womöglich – wird zum Sinnbild für eine veränderte Kunstauffassung, für das Erreichen einer neuen kulturellen Ebene. Das Dreifaltigkeitsfresko von Masaccio in der Florentiner Kirche Santa Maria Novella ist ein solches Werk, entstanden etwa 1425–1428. Generationen von Kunstgeschichtsstudenten haben den Beginn der Renaissance mit ihren zentralperspektivischen Darstellungen, die dem Betrachter zum Zwecke der Illusion einen idealen Standort nahelegen, daran festgemacht. Zur Zäsur erhoben, erleichtert das Werk kunsthistorische Orientierung – um den Preis allerdings einer allzu groben Vereinfachung. Die Fresken des Giotto di Bondone in der Scrovegni-Kapelle (Arenakapelle) in Padua, Venetien, sind mehr als ein Jahrhundert früher entstanden (1304–1306) und zeigen bereits vergleichsweise naturalistisch gemalte Figuren in perspektivisch korrekt angelegten architektonischen Räumen. Demgegenüber wiederum müssen die von 1438 bis etwa 1450 entstandenen Fresken im Kloster von San Marco, Florenz, von der Hand des malenden Klosterbruders Fra Angelico aus der Sicht des auf fortschrittliche Raum- und Figurendarstellung bedachten Kunsthistorikers geradezu unbeholfen wirken. Tatsächlich bewegen sie sich künstlerisch auf nicht minderem Niveau: Was Bruder Angelico an anatomischen Studien und perspektivischen Zaubertricks ermangelt, versteht der als »Beato Angelico« überhöhte Fra Giovanni da Fiesole (so sein richtiger Mönchsname) durch die schlichte Anmut seiner Bildschöpfungen wieder wettzumachen. Zahlreiche Beispiele ließen sich anführen für herausragende Werke der Kunst, die sich einem beliebten Schema widersetzen, demzufolge künstlerische Bedeutung anhand des Ausmaßes zu bestimmen sei, in dem darin erstmalig innovative Gestaltungsmittel zum Ausdruck kommen.

Die Komplexität künstlerischer Entwicklungsprozesse verbietet im Grunde jene Vereinfachungen, nach denen der um eingängige Vermittlung bemühte Pädagoge ruft. Gerade der einseitige Blick auf Novitäten etabliert ein selektives Raster, dem solche Bilder, Skulpturen, Dichtungen und musikalische Kompositionen entgehen müssen, die vielmehr als Spätformen zu verstehen sind, Früchte eines Reifegrades, in denen eine subtile Bildsprache zur Wirkung gelangt, deren die progressiven jungen Triebe ihrerseits entbehren müssen. In zahlreichen künstlerischen Leistungen, die heute nicht ohne Grund zu den bedeutendsten gezählt werden, nehmen künstlerische Entwicklungen nicht etwa ihren Anfang, sondern werden vielmehr zu neuen Höhepunkten – oder gar zur Vollendung – geführt. Auch hier muss wieder ein einziges prominentes Beispiel reichen, um zu illustrieren, was für sich genommen ganze Bände füllen könnte: Man denke an Johann Sebastian Bach, dessen traditionsbewusster musikalischer Genius bekanntlich lange im Schatten seiner fortschrittlichen Söhne Johann Christian bzw. Carl Philipp Emanuel stand. Doch auch Rilkes Apoll war wohl einmal Blüte und Endpunkt einer langen, sich über Generationen anreichernden Tradition – bevor unkontrollierte Gewalteinwirkung die vollendete Form in ein Fragment verwandelte, und erst dadurch dem Auge des Dichters zum Anreiz werden konnte, seine eigene imaginierte Welt zu erschaffen.

Die Bewertung von Kunst und Musik beruht im Allgemeinen häufiger auf Ideologien, sowie außerkünstlerischen Werten und Interessen, als auf Kennerschaft, die wiederum weniger als eine bloße Ansammlung historischen Faktenwissens, sondern vielmehr als subtile Wahrnehmung und innere Erlebnisfähigkeit zu definieren ist. Dem um Orientierung verlegenen Liebhaber wird nicht selten ein zweifelhafter Dienst erwiesen, wenn mithilfe von Zauberworten wie »revolutionär«, »innovativ« oder schlichtweg »bedeutend« die formale Qualität und inhaltliche Relevanz eines Kunstwerkes untermauert werden soll, wo das künstlerische Fundament so brüchig ist wie das geistige.[4] Dasselbe gilt für andere, teils fragwürdige Strategien, die unüberschaubare Vielfalt der um Aufmerksamkeit ringenden Erscheinungen einer künstlichen Ordnungsstruktur zu unterwerfen, damit überwältigende Fülle einer Beherrschbarkeit suggerierenden Übersicht weichen möge. Nicht zufällig sind Bestsellerlisten und Zusammenstellungen eines »Kanons« der Kunst oder Weltliteratur, in Mode. An die Stelle kultureller Bildung, die nur dort gedeiht, wo Wissen durch Auseinandersetzung zur lebendigen Anschauung erblüht, sind von der Lifestyle-Industrie am Fließband produzierte saisonale Hypes getreten. »1000 Places To See Before You Die« heißt ein populärer Reiseführer:

---

[4]In der zeitgenössischen Kunst sind derartige Argumentationsweisen selten geworden, was jedoch nicht etwa einer Einsicht in deren mangelhafte Aussagekraft, sondern vielmehr dem Umstand geschuldet ist, dass die Kunst immer eklektischer geworden ist und immer häufiger auf einem bloßen Recycling ehemals neuartiger Ideen beruht. Daher wird die angebliche Bedeutung von Werken und Künstlern in der Regel kaum mehr aus den Werken selbst, sondern meist nur noch biographisch abgeleitet.

Freizeitgestaltung als rastloses Abarbeiten einer Liste vorgeblich bedeutsamer, wichtiger, schöner, markanter Orte. Ähnlich ergeht es demjenigen, der sich von allzu plausibel aufbereiteten Darstellungen der Kunst- oder Literaturgeschichte mit ihrem Fokus auf Kategorien, Innovationen, Zäsuren und Wendepunkte Orientierung verspricht. Umfangreich ist die Liste von Künstlern, die im Wettbewerb um die Geltung als kunsthistorische Schaltstelle von einer angeblich veralteten zu einer neuen Bildauffassung Werke zurückdatiert haben: Das erste abstrakte Aquarell (Kandinsky), die frühesten, den Brücke-Expressionismus begründenden Ölgemälde (Kirchner) – mancher Künstler oder Kunsthistoriker kommt dem Bedürfnis nach markanten Zäsuren zum Zwecke der eigenen Aufwertung allzugern mit Geschichtsfälschung nach, begünstigt durch den weitverbreiteten Irrtum, dem Entstehungsdatum käme eine maßgebliche Rolle im Hinblick auf künstlerische Bedeutsamkeit zu. Kunsthistorische Zäsuren werden häufiger gesetzt, als dass sie sich tatsächlich ereigneten. Ziel solcher Etikettierungen ist häufig nicht Steigerung, sondern Steuerung unserer Wahrnehmung. Wer Zäsuren markiert, verfolgt damit nicht selten eigene Zwecke, denen sich die Kunst unterzuordnen hat. Geschichte erfährt Manipulationen nicht nur durch gezieltes Weglassen und Hinzufügen; eine interessengesteuerte Gewichtung und Fokussierung tragen ein Übriges bei, denkbar ungünstige Bedingungen für eine fruchtbare Begegnung von Geist und Sinnlichkeit zu erzeugen, um die eigentliche Kunsterfahrung geschwätzigen Konstrukten aus Konzepten und Meinungen unterzuordnen. Auch dort, wo das treibende Motiv in einem ehrlichen Bedürfnis nach Übersicht wurzeln mag, wird diese oftmals teuer erkauft. Der Blick für das große Ganze entsteht nicht selten auf Kosten des Subtilen, Planbarkeit verdrängt Spontaneität, die große Erwartung durch Nachvollzug von Wegen, die bereits gut erforscht und ausgeleuchtet sind, tritt an die Stelle eines Geschehenlassens und aufmerksamen Entdeckens der Welt. Das sollte im Blick behalten, wer woimmer nach Zäsuren und Wendepunkten zum Zwecke der Orientierung Ausschau hält. Wo etwa Museen mit Hilfe von Infotainment und sogenannten »Influencern« Massen anlocken, wird die Kunst zum beliebig austauschbaren Lifestyle-Objekt. Und wo Rilke, offen wie ein Gefäß, sagen konnte, »denn da ist keine Stelle, die dich nicht sieht«, muss manches Kunstwerk gerade in dem Moment verstummen, in dem ihm ein »informierter« Ausstellungsbesucher gegenübertritt.

Romantik und Frühmoderne als Zäsuren in Malerei und Bewusstseinsentwicklung

Die wenigen kunsthistorischen Beispiele sollen ausreichen, um zu verdeutlichen, warum der verbreiteten Neigung, der Fülle der Phänomene mit Denkschemata beikommen zu wollen, die der eigentlichen Erfahrung förmlich übergestülpt werden, mit Skepsis zu begegnen ist. Nachdem nun die gleichermaßen inspirierende wie motivierende Wirkung des Denkens in historischen Zäsuren, aber auch ihr verführerisches, auf Abwege verleitendes Potential erörtert wurden, soll im Folgenden, mit der anzuratenden Behutsamkeit, geprüft werden, inwiefern die wesentlichen Ereignisse in Kunst und Wissenschaft in Romantik und Frühmoderne sich als Entwicklungen erweisen könnten, in denen sich ein neues Weltbild ankündigt, dessen heute noch ausstehendes, aber vielleicht unmittelbar bevorstehendes Aufscheinen Wege aus der Krise aufzuzeigen geeignet wäre. In der Romantik geraten Aspekte der Wirklichkeit und des menschlichen Geistes in den Fokus, die auch für viele Künstler der Frühmoderne von Bedeutung waren: Subjektivität, ein Sinn für das Übermächtige, Sublime, aber auch für das Gestaltlose, das Dunkle, Abgründige, Abnorme, das bislang Verdrängte und Vernachlässigte, das auch dann in uns wirkt, wenn wir uns von ihm abwenden, und das es daher vielmehr ans Licht zu führen gilt. Beide Formen der Weltaneignung – die der Romantik und Frühmoderne – lassen sich auch für unsere Zeit kultivieren, denn viele Probleme, die bereits die Menschen zu Beginn der Industrialisierung geprägt haben, beschäftigen auch uns heute noch: Säkularisierung, Entmythologisierung, Entfremdung. Der Geist der Romantik ist keineswegs einer kurzen, genialischen Epoche vorbehalten. Er setzt sich als Unterströmung fort bis in unsere Tage, eine vitale und legitime Quelle künstlerischer Inspiration. Die Herausforderung allerdings kann heute nicht länger im Ausloten individualistischer Extreme bestehen, das allgegenwärtige Auseinanderfallen von Kultur und Gesellschaft ruft vielmehr nach Integration und Zusammenspiel von innerer und äußerer Welt, Vernunft und Transzendenz. Romantik und Aufklärung: Ein weiteres Begriffspaar, das keine einander ausschließenden Gegensätze bezeichnet, sondern vielmehr unterschiedliche und zugleich notwendige Aspekte der Neuorientierung des individuellen wie auch des kollektiven kulturellen Bewusstseins, ein Dialog der heute fortgeführt wird im Gespräch zwischen Wissenschaft und

Spiritualität – der Weg, beides miteinander zu verbinden wäre ein künstlerisch zu benennender.

In der Frühmoderne (speziell in den 1910er und 1920er Jahren) werden neue Möglichkeiten der Bildgestaltung ausgetestet, zunächst oftmals rein formal, oder mit lediglich verhaltener inhaltlich-symbolischer Relevanz. Man denke etwa an die Farbfelder von Robert Delaunay, an den aufgefalteten Raum im frühen Kubismus eines George Braque oder Picasso, oder an die aufgesplitterten Ansichten von Landschaften, Architekturen und (auffallend häufig) Kirchen in den Gemälden von Lyonel Feininger. Vor allem bei deutschen Malern wie Kandinsky oder Klee werden die Formexperimente unter Hinzufügung eines neuen, romantischen Aspektes übernommen. Der abstrakten oder gegenstandslosen Form – zunächst bloßes Material im gestalterischen Spiel, wird eine Tiefe erschlossen, die ihr zuvor wesensfremd war.

»Die Welt muß romantisirt werden. So findet man den urspr[ünglichen] Sinn wieder. Romantisiren ist nichts, als eine qualit[ative] Potenzirung. Das niedre Selbst wird mit einem bessern Selbst in dieser Operation identificirt. So wie wir selbst eine solche qualit[ative] Potenzenreihe sind. Diese Operation ist noch ganz unbekannt. Indem ich dem Gemeinen einen hohen Sinn, dem Gewöhnlichen ein geheimnißvolles Ansehn, dem Bekannten die Würde des Unbekannten, dem Endlichen einen unendlichen Schein gebe so romantisire ich es – Umgekehrt ist die Operation für das Höhere, Unbekannte, Mystische, Unendliche – dies wird durch diese Verknüpfung logarythmisirt – Es bekommt einen geläufigen Ausdruck. romantische Philosophie. *Lingua romana.* Wechselerhöhung und Erniedrigung.«[5] (Novalis)

Während die Philosophie sich durch sprachliches Rationalisieren nicht selten in abstrakte Ideen zu versteigen droht, muss der Kunst eine grundsätzliche Neigung, sich im Sinnlichen zu verlieren, attestiert werden. Daher liegt die Aufgabe der Kunst nicht zuletzt im Durchbrechen von Sehgewohnheiten. Im selben Maße, in dem sich Sehgewohnheiten ändern, ändern sich auch künstlerische Notwendigkeiten. Daher rührt die geringe Tragweite eines jeden Versuches, einen Kanon unveränderlich bedeutsamer »Weltkunst« zu bestimmen, der Verbindlichkeit für alle und

---

[5] Novalis: Vorarbeiten zu verschiedenen Fragmentsammlungen 1798. In: Mähl, H-J., Hanser, C. (Hrsg): Novalis. Werke, Tagebücher und Briefe Friedrich von Hardenbergs. Band 2 – Das philosophisch-theoretische Werk. München, Wien 1999, S. 334.

jeden beanspruchen will. Kunst wirkt stets nur über die Sinne desjenigen Betrachters, dem sie weder vollkommen fremd noch allzusehr vertraut ist: Auf die richtige Schnittmenge kommt es an. Ein »ansprechendes« Kunstwerk existiert so gesehen nicht. Angesprochen fühlen wir uns von einem Kunstwerk immer dann, wenn sich darin ein Erkenntniszuwachs anzukündigen scheint. Daher bedeutet Romantisierung Inaussichtstellung »qualitativer Potenzierung«. Dem modernen, für Romantisierung empfänglichen Menschen entfaltet sich etwa in Paul Klees kleinformatigem Gemälde »Kosmische Komposition«[6] von 1919 eine zeichenhafte Welt vor einer abstrakten farbigen Hintergrundfolie, sinnbildlich für einen ganzen Kosmos. Die Welt der Natur und der menschlichen Dinge erscheint als flüchtig-dynamische Zeichnung vor einem dunkelfarbig glühenden Untergrund, wie eingeritzt in eine Welt aus dunkel glimmendem Licht, eine Meditation über das Zeitliche und Ewige, in der sich Naturmystik und romantische Durchdringung von Innen- und Außenwelt vermengen, angeregt nicht zuletzt durch die Entdeckungen der modernen Naturwissenschaft und ein daraus resultierendes Weltbild. Insofern zeigt sich die Kunst empfänglich gegenüber einem durch Wissenschaft ermöglichten neuen und aufregenden Bild von Mensch, Kosmos, Wirklichkeit. Ungeachtet der den hier beispielhaft angesprochenen Künstlern und Werken allgemein zugebilligten kunsthistorischen Bedeutung wirken diese nur auf einzelne aufgeschlossene Gemüter zurück. Von einer kollektiven Wahrnehmungsänderung durch Kunst kann hingegen keine Rede sein. Die genannten Namen und Bilder mögen eine kunstgeschichtliche Zäsur markieren – eine gesellschaftliche Wendezeit vermochten sie nicht einzuleiten.

Der Beitrag von Kunst und Wissenschaft zu gesellschaftlicher Erneuerung

Es folgen beispielhaft einige wesentliche naturwissenschaftliche Entwicklungen, die einen maßgeblichen Einfluss auf das Weltbild jener hatten, die dafür empfänglich sind, und insbesondere die bildende Kunst verändert haben, die ihrerseits wiederum verändernd auf unsere Wahrnehmungsweise einwirkt. Die Entdeckung der Röntgenstrahlen (1895)

---

[6] Klee, P.: Kosmische Composition (1919). Öl auf Karton, 48 x 40,8 cm. Kunstsammlung Nordrheinwestfalen, Düsseldorf.

schärft das Bewusstsein für die Spärlichkeit des elektromagnetischen Spektrums, sofern dieses für das menschliche Auge sichtbar ist und somit als Licht erfahren wird, die Begrenztheit unserer Sinneswahrnehmungen deutlich vor Augen führend. Mit Röntgenstrahlen durchdrungen werden die Dinge »durchsichtig«, wodurch sie in unserer Wahrnehmung ihre Substanzhaftigkeit zu verlieren scheinen. Die moderne Physik entlarvt die Vorstellung des »gesunden Menschenverstandes« von der Wirklichkeit endgültig als naive Projektion: Der speziellen Relativitätstheorie (1905) folgt die allgemeine Relativitätstheorie (1916) und schließlich in mehreren Etappen die Quantenphysik, genannt sei hier stellvertretend Heisenbergs erkenntnisreicher Aufenthalt auf der Insel Helgoland (1925). Ein weiteres Beispiel: Die Entdeckung, dass es sich bei kosmischen Spiral-»Nebeln« tatsächlich um Spiral-*Galaxien* handelt: 1923 erkennt Edwin Hubble mit Hilfe eines Spiegelteleskops im Mount-Wilson-Observatorium, dass der Andromeda-»Nebel« sich nicht innerhalb, sondern außerhalb unserer Galaxie befindet, eine Spiralgalaxie bildend, ganz ähnlich unserer eigenen. Zum erstenmal blicken wir gleichsam in einen kosmischen Spiegel, auf ein »Abbild« unserer eigenen Milchstraßengalaxie. Vermittelt wird darüberhinaus ein sublimes Gefühl für die unser Vorstellungsvermögen sprengenden kosmischen Weiten. Doch auch der Blick auf das Nächste und Kleinste ist geeignet, den Blick und damit das Bewusstsein zu weiten: Die Entwicklung von Lichtmikroskopen seit dem 17. Jahrhundert sowie der Mikrophotographie im 19. Jahrhundert. Aus dem bisherigen »Mikrokosmos« der menschlichen Lebenswelt, der sichtbaren Welt der Dinge im Gegensatz zum Makrokosmos, wird nun der »Mesokosmos«. Unterhalb unserer natürlichen Wahrnehmungsschwelle eröffnet sich ein Abgrund, der Blick in die Welt der Bakterien und Kleinstlebewesen, und schließlich, im 20. Jahrhundert mit Hilfe der Elektronenmikroskopie, der Blick in die nochmals kleinere Nanowelt der Zellen und Makromoleküle. (Spätestens hier wird die Benennung einer Zäsur im Sinne einer konkreten Jahreszahl zur Herausforderung; bereits im Hinblick auf die Quantenphysik habe ich mit der Jahreszahl 1925 – Heisenberg auf Helgoland – eine solche nicht ohne Willkür gesetzt.)

Naturwissenschaft kann, wo sie auf rechte Weise betrieben wird, nicht nur unser Verständnis, sondern auch unser Weltbild und damit unser Bewusstsein erweitern – vor allem dort, wo sie nicht nur abstrakte Formeln, sondern anschauliche Bilder zu liefern imstande ist. Insbesondere verdankt sich dem naturwissenschaftlichen Blick ein Bewusstsein für

Fragilität und relative Bedeutung der menschlichen Lebenswelt. Wir wachsen gleichsam über uns hinaus und nehmen unser Leben und Lebensumfeld aus einer umfassenderen Perspektive wahr. Schließlich gelten sogar, entgegen unserer intuitiv empfundenen, nunmehr bloß noch vermeintlichen Selbstverständlichkeit, Zeit und Raum nicht länger als absolut gegeben. Ein echte Zäsur im Sinne eines breiten Bewusstseinswandels, einer auf zeitgemäße Weise mythischen Weltsicht, die nicht in Widerspruch zu den Erkenntnissen der Naturwissenschaften steht, sondern im Gegenteil als Reaktion und Deutung auf diese folgt, wäre erst in dem Moment möglich, in dem es Künstlern oder Wissenschaftlern (dieser Unterschied wäre dann unerheblich) gelingt, Bilder zu finden, die das bislang nur in abstrakter mathematischer Sprache zugängliche Wissen der neuen Physik in die Köpfe der Menschen befördern. Solche Bilder würden Raum lassen auch für spirituelle Weltdeutungen, ohne dass diese mit Notwendigkeit aus ihr folgten; sie kämen einer Zäsur auch im Hinblick auf eine mögliche Zeitenwende gleich, geleitet von der Notwendigkeit, sowohl die überkommenen materialistischen als auch religiös-fundamentalistischen Weltbilder, die auf unheilvolle Weise unsere Epoche prägen, hinter uns zu lassen.

Hartmann Römer

Absichtsloses Wirken durch *Ge-lassen-heit*:
Verhalten in Wandel und Krise

Die „Krise des Westens" –früher hätte man vom Abendland gesprochen– ist allgegenwärtig und mit Händen greifbar. Nicht nur infolge der kriegerischen Katastrophen des zwanzigsten Jahrhunderts haben sich die weltweiten Machtverhältnisse grundlegend verschoben. Das koloniale Zeitalter ist vergangen. Die wirtschaftliche, politische und auch geistige Hegemonie des Westens, der nun auch demographisch eher als abnehmende Minderheit dasteht, geht zu Ende. Innerhalb des Westens haben sich die Gewichte vom einstigen Zentrum Europa in Richtung der ehemaligen Peripherie verlagert.

Zum äußeren Bedeutungsverlust kommt eine tiefe innere Krise hinzu. Während etwa die chinesische, indische und islamische Welt in ungebrochenem Selbstbewusstsein, ja im Gefühl intellektueller und moralischer Überlegenheit und mit neuer Zuversicht den Ausgleich vergangenen Unrechts und einen gerechten Anteil an Macht und Gütern einfordern, sind dem Westen seine Legitimation und seine geistigen Grundlagen fragwürdig geworden.

Das Gefühl, dass es „so nicht weitergehen kann" ist unabweisbar, und die Erwartung tiefgreifender Veränderung führt zu Zukunftsangst und Desorientierung. Die gesellschaftliche Grundlagenkrise wird als persönliche Krise erfahren. Ihr Erscheinungsbild ist regional verschieden: in Nordamerika anders als in Europa und in Deutschland, wo die Krise nach zweimaligem Zusammenbruch und im Bewusstsein schuldhafter Verstrickung brennpunktartig verdichtet und leidvoll verschärft ist. Selbstunsicherheit ist gerade in Deutschland oft mit Selbstverachtung der eigenen kulturellen Herkunft und Identität verbunden. Der erstaunliche Wiederaufbau nach dem zweiten Weltkrieg, der zu einer Jahrzehnte anhaltenden Periode des Friedens und des Wohlstandes geführt hat, wurde in

Deutschland zunächst als eine Rückbesinnung und als ein Wiederanknüpfen an alte „abendländische" Werte empfunden. Inzwischen wird vom Abendland und der Beschwörung der Gefahr seines Unterganges vorwiegend in hämisch-satirischer Weise gesprochen, als von einer rechts und rückwärts gerichteten, bildungsbürgerlichen Sehnsucht nach einem überlebten System, das zu Recht untergeht. Das Christentum hat in wenigen Jahrzehnten nun auch für die breite Mehrheit seine Bedeutung als gesellschaftlich verbindende, Halt und Gestalt verleihende Kraft verloren

Persönliche und gesellschaftliche Veränderungen sind, wie gesagt, immer von Angst begleitet und gehen nie schmerzlos vor sich. Das ist sicher einer der Gründe dafür, dass sie nicht im zeitlichen Gleichmaß verlaufen, sondern dass sich in langfristigen Strömungen Spannungen, die sich durch Zögern aufbauen, in plötzlichen Durchbrüchen entladen. Hermes Kick spricht in diesem Band bei seinem Beitrag zur Phänomenologie und Dynamik persönlicher Krisen von leidvollen Grenzsituationen im Sinne von Karl Jaspers, die es auszuhalten und zu bewältigen gilt[1]. Walter von Lucadou benennt das schmerzliche „Risiko der Machtlosigkeit" in seiner Reflexion über den richtigen Umgang mit Gleichgewicht und Veränderung in „verschränkten" gesellschaftlichen Systemen[2]. Auch wir werden bald mehr dazu zu sagen haben.

Die Reaktionen auf die Krise des Westens sind regional, persönlich und in Abhängigkeit von der weltanschaulichen Einstellung sehr unterschiedlich. Während etwa der kalifornische Transhumanismus bereits mit Zuversicht, Tatkraft und erheblichen Mitteln an Aufmerksamkeit, Deutungsmacht, künstlicher Intelligenz und Geld am Aufbau einer neuen Gesellschaft arbeitet, wird er von anderen, auch von mir, als Teil, nicht als Lösung der Krise empfunden. Ähnliches gilt von anderen szientistischen und physikalistischen Bestrebungen. Die notwendige Reflexion auf ein angemessenes Verständnis dessen, was Wahrheit bedeutet, kann zu einer tiefen Verunsicherung führen. Das gilt besonders für diskurstheoretische Dekonstruktionen des Wahrheitsbegriffes in Teilen der zeitgenössischen philosophischen Diskussion bis hin zu ihrer manipulativen Anwendung in Diskursbesetzung und „fake news".

---

[1] Kick, H.A: In diesem Band: Zäsur als Trauma. Anstoß zu Wendung und Wandlung.

[2] Lucadou, W. v.: In diesem Band: Ist der Transhumanismus eine brauchbare Utopie?

Die Hoffnungen, die mit der in vollem Gange befindlichen gesellschaftlichen Transformation verbunden werden, sind vielfältig und in großen Teilen unvereinbar: Mehr Sozialismus, mehr heimatliche Verwurzelung, mehr Gleichheit, mehr soziale Gerechtigkeit, Rückkehr zu alten Werten, eine neue oder erneuerte Religiosität, mehr Diversität, multiethnische multikulturelle Öffnung, mehr Umwelt- und Klimaschutz, mehr Sozialstaat, mehr Liberalismus und Eigenverantwortung, mehr Tierrechte, mehr Vielfalt sexueller Orientierungen, mehr Feminismus, mehr Nicht-Binärität, vertiefte Spiritualität, Neubewertung von Arbeit und Freizeit und tausenderlei Anderes. Oft drängt sich der Eindruck auf, dass jemand auf der Hitze eines ausbrechenden Vulkans sein Süppchen kochen möchte.

Die wichtigsten Fragestellungen im Zusammenhang mit der Krise des Westens, denen wir uns in dieser Studie zuwenden wollen, sind die folgenden: Zunächst werden wir uns einer Phänomenologie der Transformationen zuwenden, also zu beschreiben versuchen, wie persönliche und gesellschaftliche Veränderungen, an denen Menschen als Akteure beteiligt sind, empfunden werden. Weitere Fragen richten sich auf die Möglichkeiten handelnder Einflussnahme und auf Strategien recht beratenen Verhaltens im Angesicht von Instabilität, Ungewissheit und Offenheit der Zukunft. Ziele sollten die Vermeidung von Katastrophen und eine möglichst harmonische Verbindung des Strebens nach persönlichem Gelingen und wohltätigem gesellschaftliche Zusammenleben sein.

Wir fragen uns auch: Welche Gefahren liegen in der Krise des Westens und welche Hoffnungen darf man mit ihr verbinden? Welche Vorzüge, Errungenschaften und Werthaltungen des Westens könnten Konsens stiften und helfen, die unumgänglichen Transformationen möglichst gewaltfrei zu überstehen und segensreich ausfallen zu lassen? Schließlich: Wie könnte ein friedliches und fruchtbares weltweites Miteinander verschiedener Kulturkreises aussehen?

Wir sind natürlich nicht so vermessen, zu all diesen Fragen und Desideraten allseits überzeugende Lösungen anbieten zu können, schon deshalb, weil es lebendige Kontroversen zum Glück immer geben wird und weil die Zukunft gerade auch in dem Sinne offen ist, dass bisher Undenkbares ins Blickfeld rückt.

Wir dürfen allenfalls hoffen, mit unseren Überlegungen einen ganz kleinen Beitrag zu leisten, indem wir versuchen, einige hoffentlich hilfreiche Sichtweisen anheimstellen zu können. Hierbei könnte eine von der

Quantentheorie her inspirierte Begrifflichkeit Einblicke gewähren, die wir seit längerem unter der Bezeichnung „Verallgemeinerte Quantentheorie (VQT)" [3, 4] gern in verschiedenen Zusammenhängen zur Anwendung vorschlagen. Ausgangspunkt ist die bereits von Niels Bohr und Wolfgang Pauli vertretene Überzeugung, dass ursprünglich für die Quantenphysik entdeckte Strukturen wie „Komplementarität" und „Verschränkung" weit über den Bereich der Physik hinaus als Erkenntnis leitende Figuren bedeutsam sein können, ja jenseits der Physik erst eigentlich zu Hause sind. Auch Walter von Lucadou macht in seinem Beitrag zu den Silvestergesprächen von der Verschränkungsvorstellung ausgiebig Gebrauch. Wenn wir im Zusammenhang mit dem Thema dieses Aufsatzes von „Systemen" reden, dann sind damit entweder menschliche Individuen oder menschliche Gemeinschaften gemeint. „Observable" sind Züge solcher Systeme, die untersucht werden können, und „Messung" meint die Durchführung einer derartigen Untersuchung mit einem Ergebnis, dem „Messergebnis", dem eine gewisse faktische Gültigkeit zukommt. Wie gesagt, erheben wir keineswegs den Anspruch, dass man zu den Erträgen unserer Untersuchung nur so kommen kann, sondern hoffen lediglich, dass sich hier aus einer eher selten eingenommenen Perspektive einige Einsichten eröffnen.

Die zentrale Aussage der (Verallgemeinerten) Quantentheorie sei vorangestellt. Anders als etwa in der Klassischen Mechanik, in der ein Beobachter ohne das beobachtete System zu berühren „von außen" einen Sachverhalt zur Kenntnis nimmt, der so auch ohne Beobachtung bestünde, wird in der VQT mit der und durch die Beobachtung die Faktizität des Messergebnisses *erzeugt*. Potentialität geht in *Faktizität* über, Durch

---

[3] Atmanspacher, H., Römer, H., Walach, H.: Weak Quantum Theory: Complementarity and Entanglement in Physics and Beyond. Foundations of Physics 32. 2002, S. 379-406.
Atmanspacher, H., Filk, Th., Römer; H.: Weak Quantum Theory: Formal Framework and Selected Applications. In: Quantum Theory: Reconsideration of Foundations-3, AIP Conference Proceedings, A. Khrennikov ed. Vol 810 Melville NY 2006.
Filk, Th., Römer, H.: Generalised Quantum Theory: Overview and Latest Developments. Axiomathes 21,2. 2011, S. 211-220; DOI: 10.1007/s10516-010-9136-6, http://www.springerlink.com/content/547247hn62jw7645/fulltext.pdf.

[4] Römer, H.: Quanten, Komplementarität und Verschränkung in der Lebenswelt. Verallgemeinerte Quantentheorie. Münster 2023.

die Beobachtung (Messung) ändert sich der Zustand des beobachteten Systems. Er geht nämlich in einen Zustand über, in dem das „Messergebnis" faktisch ist, was sich besonders darin zeigt, dass eine unmittelbar folgende Nachmessung mit Sicherheit wieder dasselbe Ergebnis liefert. Wichtig ist aber, dass das vor der Messung noch unbestimmte Messergebnis nicht in der Macht des Beobachtenden liegt.

Dass eine Messung den Zustand des beobachteten Systems verändert ist in beispielhafter Weise der Fall, wenn es um den psychischen Zustand eines Menschen aus der inneren Perspektive der Introspektion geht und allgemein in Kollektiven bewusster menschlicher Individuen.

Die VQT schwächt also die Beobachterunabhängigkeit von Messergebnissen in subtil qualifizierter Weise ab, ohne das Kind mit dem Bade auszuschütten, indem sie in das Ergebnis dem Belieben des Beobachters auslieferte. Konstruktivistischer Destruktion des Wahrheitsanspruches, die wir als eine der Gefahren in der Krise des Westens benannt haben, wird also eine Absage erteilt. Kurz gesagt: Der Beobachter ist frei in der Wahl seiner Fragen, aber gebunden an Antworten, über die er keine Verfügung hat. Damit sind die Grundvoraussetzungen freier, wahrheitsfähiger und ergebnisoffener Forschungstätigkeit gesichert.

Eine wichtige Folge der Veränderung des Systemzustandes durch Messung ist die Möglichkeit von *Komplementarität*. Es ist im Allgemeinen nur der Wert der zuletzt gemessenen Größe faktisch, der Wert einer anderen „komplementären" Messgröße aber so lange unbestimmt, bis diese gemessen wurde. Danach wiederum ist der Wert der zuvor gemessenen Größe unbestimmt und wird erst nach erneuter Messung faktisch. Dies bedeutet eine Einschränkung der „simultanen Prädizierbarkeit", die man wegen ihrer grundsätzlichen erkenntnistheoretischen Bedeutung niemals vergessen sollte. Komplementarität unterscheidet sich von Perspektivität durch die teilweise Einschränkung simultaner Faktizität. Im Gegensatz zur Dialektik ist Komplementarität nicht auf Synthese angelegt. Was wir von Messungen gesagt haben, gilt auch von menschlichen Handlungsentscheidungen, die man geradezu als Messungen von Grad und Richtung der inneren Entschlussbereitschaft auffassen könnte: Freiheit in der Wahl des Themas, Einbruch von Faktizität im Ergebnis.

Alles Lebendige ist immer im Wandel begriffen. Selbst Fortdauer und Erhaltung sind nur als „isostatisches" Fließgleichgewicht in ständigem Austausch mit der Umgebung möglich: „Geprägte Form, die lebend sich entwickelt"[5]. Die Geschichtswissenschaft hat einige der formgebenden Wandlungs- und Umwandlungsprozesse unserer westlichen Kultur aufgewiesen und benannt: Christianisierung, Reformation, Aufklärung, Säkularisierung, Sozialismus, die über längere Zeiten und zum Teil gleichzeitig und im Mit- und Gegeneinander verliefen. Das gilt auch für den gegenwärtigen Widerstreit zwischen materialistischem Szientismus und der immer noch aktuellen Grundströmung der Romantik[6]. Ob die aktuellen Wandlungsprozesse einen eigenen Namen verdienen und wie dieser lauten könnte, ist aus der gegenwärtigen Nahsicht wohl noch nicht entscheidbar. Solche benennenden Identifikationen sind Teil einer Selbstfindung und Selbstkonstituierung unserer Kultur. Man sollte sich vor starren Schematisierungen hüten. Unsere Kultur stand und steht immer im Austausch mit anderen Kulturen, wobei im Mittelalter die Beziehung zur islamischen Welt besonders wichtig war. Sie ist wie jede andere ein Neben-Miteinander und Überlappen von Teilsystemen, die ebenfalls unter dem Gesetz von Wandel, Austausch und Selbstkonstituierung stehen. Die kleinsten Teilsysteme sind die Individuen, ja vielleicht sogar deren Teilinstanzen. Der ewig rätselhafte „autopoetische" Prozess der Individuation, der Selbstaufrichtung der Einzelpersönlichkeit ist nur über und durch die Gesellschaft möglich, die allein schon durch das Medium der auf Kommunikation angelegten Sprache etwas bereitstellt, das der Einzelne niemals aus sich heraus schaffen könnte.

Wie gesagt, beschleunigt und überstürzt sich stetiger Wandel immer wieder in revolutionären Umbrüchen. Beispiele sind die englische, amerikanische, französische und bolschewistische Revolution und in jüngster Zeit der Zusammenbruch des Kommunismus. Auch die kulturelle, wissenschaftliche und technische Entwicklung sind ebenso sprunghaft wie das krisenhafte Werden der Persönlichkeit, besonders in ihren Anfängen. Die Reformation ist ein Beispiel sowohl für eine Langzeitströmung als auch für einen mit der Person Luthers verbundenen Umbruch.

Bei allen genannten Strömungen und Umbrüchen persönlicher und gesellschaftlicher Art fällt auf, dass niemand planend und lenkend Regie führt und die Fäden zieht. Gemeinsam ist ihnen ein wesentliches Element

---

[5] Goethe, J.W. von: Urworte orphisch.
[6] Fischer, E.P.: Beitrag in diesem Band. Fischer, E.P.: Die aufschimmernde Nachtseite: Kreativität und Offenbarung in den Naturwissenschaften. Konstanz 2003. Fischer, E.P.: An den Grenzen des Denkens, Wolfgang Pauli - Ein Nobelpreisträger über die Nachtseiten der Wissenschaft. Konstanz 2000.

der Unverfügbarkeit. (Die Leninsche Oktoberrevolution ist vielleicht eher ein Putsch als ein Kandidat für einen Ausnahmefall.) „Du glaubst zu schieben und wirst geschoben"[7]. Mancher, der sich als machtvoller politischer Akteur und Gestalter wähnt, weiß nur nicht, wie sehr er Teil der Strömung ist, in der er treibt.

Gerade in revolutionären Umbrüchen gibt es allerdings den „Kairos", die Reife und den Wendepunkt der Zeit, den flüchtigen Augenblick der Offenheit, die rasch entfliehende Gelegenheit zum Handeln, in der kleine Ursachen große Wirkungen nach sich ziehen können. Die Kunst besteht darin, diese Gelegenheit zu nutzen, die Schwierigkeit darin, sie zu erkennen.

Im Eintreten des Kairos liegt wieder ein Element der Unverfügbarkeit. Auch ist keineswegs ausgemacht, ob der Handelnde den Kairos nutzt oder der Kairos den Handelnden als austauschbares Werkzeug gebraucht. Das eigentümliche Verhältnis von Wollen und Gelegenheit zeigt sich sehr schön darin, dass das Wort „Kairos" einen Ursprung in der Terminologie des Bogenschießens hat. Er bezeichnet den richtigen Moment zum Loslassen des Pfeils, die kurze Stille, das Anhalten des Atems, wenn im Spannen und Zielen Kraft und Konzentration zusammen ihren Höhepunkt erreichen.

Die Handlungstheorie verwendet den Terminus „Rubicon-Situation" dafür, dass, wie bei Caesars Überschreitung des Rubicon in Richtung auf Rom, das Abwägen mit dem Entschluss zum Handeln sein Ende findet und unwiderruflich Möglichkeit in Wirklichkeit übergeht. Jeder Handlungsentschluss ist mit einem Loslassen, also mit der Aufgabe von Kontrolle verbunden. In quantentheoretischer Sprache liegt eine Komplementarität von Handlung und Reflexion vor. Im Umgang mit Komplementärem ist Besonnenheit gefragt. Im Wissen darum, dass man von zwei komplementären wünschenswerten Dingen nicht beide ohne Einschränkung erreichen kann, sollte die natürliche Angst vor Loslassen und Kontrollverlust durch Ge-lassen-heit gemildert werden.

Kontrollverlust begleitet jede Art von Übergang und zwar umso mehr, je plötzlicher er erfolgt. Es gibt keinen Wandel unter vollständiger Kontrolle. In der (Verallgemeinerten) Quantentheorie ist dies als die „*Nicht-Existenz der Bahn*" bekannt. Um die Bewegung eines Körpers in voller Genauigkeit zu verfolgen, müsste man seinen Ort zu jeder Zeit kennen.

---

[7] Goethe, J.W.v.: Faust I, 4116-7.

Damit wäre aber auch seine Geschwindigkeit zu jeder Zeit bekannt, was wegen der Unbestimmtheitsrelation für die komplementären Größen „Ort" und „Geschwindigkeit" aber prinzipiell ausgeschlossen ist. Ganz allgemein ist es in der (Verallgemeinerten) Quantentheorie unmöglich, eine Veränderung des Zustandes über alle Zwischenstationen beobachtend zu verfolgen [8]. Im Gegenteil führt durch den so genannten *„Quanten-Zeno-Effekt"* eine immer dichtere Folge von Messungen immer mehr zum Einfrieren des Zustandes und zum Unterbinden jeder Veränderung [9, 10]. Wie gesagt: Im Wandel ist Gelassenheit geboten.

Im Nachdenken über den westlichen Kulturkreis und seine Krisen und Wandlungen geht es immer in besonderer Weise um das Verhältnis von Individuum und Gesellschaft, von Selbstbehauptung und Gemeinsinn, das beständig austariert werden muss und bei dem die Gewichte in charakteristischer Weise im Westen etwas anders verteilt sind als etwa im konfuzianisch geprägten chinesischen Kulturkreis. Dass es sich hierbei nicht um einfache Gegensätze, sondern eher um Komplementaritäten handelt, sieht man schon daran, dass solidarisches Miteinander auch im Eigeninteresse liegt. Was einer Gesellschaft Zusammenhalt gibt, und ihre Mitglieder bindet, ohne sie zu versklaven, hat die Form eines quantentheoretischen *Verschränkungszusammenhanges*[11]. Die soeben benannte Komplementarität von Gemeinsinn und Eigensinn ist eine Komplementarität zwischen globalen auf das Ganze eines Systems bezogenen Observablen und lokalen Observablen, die sich auf Teilsysteme beziehen. Ein verschränkter Zustand eines Gesamtsystems determiniert nicht die Zustände seiner Teilsysteme, an denen vielmehr der Ausgang von Messungen unbestimmt bleibt. Das Ganze eines verschränkten Systems zeigt sich nicht in einer determinierenden Ausrichtung seiner Bestandteile, sondern ist lediglich in so genannten *Verschränkungskorrelationen* zwischen ihnen anwesend. Verschränkung ist ein nicht-kausaler, holistischer, gestalt- und musterartiger Zusammenhang, der nicht zu Einwirkungen oder dem Austausch von Signalen zwischen den Teilsystemen verwendbar ist.

---

[8] Römer, H.: Konsistente und inkonsistente Geschichten., Zeitschrift für Parapsychologie und Grenzgebiete der Psychologie 47/48/49. (2012), 21-41.

[9] Misra, B., Sudarshan, E.C.G.: The Zeno's Paradox in Quantum Theory. J. Math. Physics 18. (1977), 756-763.

[10] Römer, H.: 2003 Kap. 4, 8, 10, 14.

[11] Römer, H.: 2003 Kap 2. Knaup, M., Spät, P. (Hrsg.): Sammelband Post-Physikalismus. Freiburg, München 2011, S. 87-121.

Das bedeutet nicht, dass kausale Einwirkungen und Signale für verschränkte Systeme bedeutungslos oder immer schädlich wären. Erstens kann ein verschränkter Zustand durch Einwirkung auf ein System erzeugt werden. Zweitens vermindern zwar Messungen an Teilsystemen tendenziell den Grad ihrer Verschränkung, aber gerade in menschlichen Gemeinschaften wird der Austausch von Meinungen und Stimmungen zur Stärkung und Festigung der Verschränkung führen.

Verschränkung kennzeichnet einen gesellschaftlichen Zustand, in dem Zusammenhalt und individuelle Freiheit im Einklang stehen: Gemeinsinn ohne Gleichrichtung. Verschränkung ist ein empfindliches Fließgleichgewicht und immer von zwei Seiten bedroht: Einerseits vom Verlust der Einheit durch Atomisierung[12] oder Polarisierung, also Zerfall in unverbundene Teilsysteme, anderseits vom Verlust der Freiheit durch totalitäre Uniformisierung. Es ist wünschenswert, dass bei gesellschaftlichen Transformationen der Verschränkungszusammenhang nicht unnötig Schaden leidet.

Was kann man tun, um in allem Wandel Einheit in Freiheit in menschlichen Gemeinschaften zu wahren und zu fördern? Sicher wird man dieses Ziel verfehlen, wenn man in erster Linie an den Einzelnen angreift, indem man versucht, ihre Einstellungen und Handlungen durch Manipulation oder Zwang und Vorschriften in die gewünschte Richtung zu lenken und unter Kontrolle zu halten. Ein verschränkter Zustand ist nur über globale Observablen zu erreichen, ohne determinierend auf jeden Einzelnen einzuwirken. Die „Komplementarität von globalen und lokalen Observablen" zeigt sich in dem, was Walter von Lucadou mit dem heiklen Verhältnis von Vertrauen, Kontrolle und Verbindlichkeit meint [13]. Eine Gemeinschaft von Freien beruht auf einem grundsätzlichen aber nicht unkritischen Vertrauen einerseits zwischen ihren Mitgliedern und anderseits zwischen der Gesellschaft und ihren leitenden Instanzen. Verderblich ist jeder Versuch der Gleichschaltung, förderlich die vertrauensvolle wechselseitige Gewährung von Freiräumen.

Natürlich gibt es in jeder menschlichen Gemeinschaft ein Element des Wettbewerbs, indem ein jeder bestrebt ist, im Umgang mit den Anderen

---

[12] Pietschmann, H.: Die Atomisierung der Gesellschaft. Wien 2009.
[13] Lucadou, W. v.: Beitrag in diesem Band. Lucadou, W. v., Römer, H.: Schuld, Person und Gesellschaft: Systemische Perspektiven. In: Kick, H.A., Schmitt, W. (Hrsg.): Schuld: Bearbeitung, Bewältigung, Lösung, Strukturelle und prozessdynamische Aspekte. Münster 2011.

seinen Wünschen und Vorstellungen Geltung zu verschaffen. Es ist aber verfehlt, die inneren und äußeren Verhältnisse von Gesellschaften nur oder vorwiegend unter dem Vorzeichen des Kampfes zu verstehen. Was dem Menschen vor den anderen Primaten auszeichnet, ist gerade seine „Eusozialität"[14], seine besondere Fähigkeit zu Solidarität und Einfühlung. Dies zeigt sich schon darin, dass die weiße Bindehaut des menschlichen Auges es erlaubt, die Blickrichtung der Anderen wahrzunehmen. Im Vergleich zum Menschen sind Schimpansen und Gorillas geradezu Autisten. Die Eusozialität des Menschen war die Voraussetzung zur Entwicklung der Sprache und zum einzigartigen Aufstieg der Gattung „Mensch". Es ist eine schiefe Sicht der Dinge, den Diskurs unter Menschen im Medium der auf Gemeinschaft angelegten Sprache in erster Linie als Kampfgeschehen zu sehen. Bösartig und schädlich ist besonders die Entwicklung und Anwendung von manipulativen Strategien der Diskursbesetzung und Diskurssteuerung mit dem Ziel von Herrschaft und Gleichschaltung auch und gerade, wenn dies im Namen des angeblich Guten geschieht.

Jede Gemeinschaftsbildung ist als Selbstfindungsprozess von derselben Problematik betroffen wie die Individuation: Identitätsfindung bedeutet immer auch Abgrenzung und Abgrenzung birgt die Gefahr von Feindschaft und Zerstörung. Diese Gefahr kann durch vielfältige und einander überschneidende Identitäten gemildert werden. Ein jeder sieht sich eingebunden in ein Netzwerk überlappender Identitäten wachsenden Umfanges: Familie und Freunde, Kollegen, Vereine, Berufsgruppen, Parteien, Heimat und Landsmannschaft, Sprache, Nation, Religion, Kulturkreis und schließlich die Menschheit als ganze. Ein solches Identitätengeflecht gewährt zugleich Widerstandskraft gegen Gleichrichtung. Es ist bezeichnend, dass totalitäre System ein Monopol auf soziale Integration beanspruchen, so dass jeder nicht staatlich inspirierte Zusammenschluss von Personen unter Verdacht gerät, und anderseits die Staatsmacht Zustimmung, aktives Bekenntnis und Teilnahme an Demonstrationen für das Gute einfordert. In einer staatlichen Gemeinschaft von Freien muss sich die Regierung vertrauensvoll mit der Loyalität ihrer Bürger begnügen. Gemeinsinn in verschränkten Gesellschaftssystemen kann, wie gesagt, nicht durch lenkenden und (ver)ordnenden Zugriff auf die Einzelnen erzeugt werden. Wer glaubt, auf umfassende rechtliche Regulierung und Schaffung immer neuer Normen und Ansprüche für Gleichheit,

---

[14] Wilson, E.O.: Die soziale Eroberung der Erde. München 2013.

Gerechtigkeit und sozialen Zusammenhang setzen zu sollen, wird sein Ziel mit hoher Wahrscheinlichkeit verfehlen. Strategisch planende „Sozialingenieure" befinden sich, wie Erika Schuchardt[15] sagt, auf der „Einbahnstraße der Maßnahmen", wo sie die „Zweibahnstraße der Wechselwirkung und Begegnung" begehen sollten. Sie laufen Gefahr, trotz bester Absichten kontraproduktiv zu wirken.

In verschränkten Systemen ist „Erfolg" nicht das Ergebnis von Effekterzwingung. Er darf vielmehr erhofft werden, wenn ein zwangloser Verschränkungszusammenhang günstige Bedingungen für sein Eintreten schafft. Hierbei sind wieder Gelassenheit im Geschehen-Lassen und ein Gespür für den rechten Zeitpunkt, den „Kairos" gefragt. Recht beratene Staatskunst ist behutsame Lenkung mit kleinen Lenkausschlägen. Radikale Umbrüche und „Wenden" sind gefährlich. Wer Veränderung anstrebt, unterliegt der Beweispflicht, im respektvollen Dialog aufzuzeigen, dass sein Begehren wirklich zu einer Verbesserung führt.

Man könnte von einem „sanften Gesetz", einem „absichtslosen Wirken in Gelassenheit" sprechen. Brian Bruya[16] zeigt, dass derartiges unter den Bezeichnungen „Ziran" (etwa „von selbst", „Spontaneität") und „Wu Wei"(etwa „Nicht-Handeln") ein Thema der traditionellen chinesischen Philosophie, besonders des Daoismus ist.

Nicht jede gesellschaftliche Veränderung ist ein Gewinn, auch wenn sie natürlich im Nachhinein von ihren Nutznießern als solcher angesehen wird. Die Krise des Westens gibt sehr wohl Anlass zu Angst und Sorge. In jüngerer Zeit ist die Gefahr kriegerischer Konflikte gestiegen. Zerfall droht durch eine Überspannung der Assimilationskraft und mehr noch durch Schwächung oder Abriss der kulturellen Überlieferung. Gleichrichtende wie spaltende Tendenzen sind zu befürchten, wenn die Sehnsucht nach Übersichtlichkeit zum Ruf nach einem starken Staat linker oder rechter Art, zur Unterdrückung Andersdenkender im Namen „wehrhafter Demokratie", oder zur Regression in Esoterik oder religiösen Fundamentalismus führt.

---

[15] Schuchardt, E.: Trilogie. Gelingendes Leben. Krise als Chance für Person und Gesellschaft. 2020. Darin auch Beitrag von H. Römer. "Ist es sinnvoll und aufschlussreich, außerhalb der Physik von Komplementarität und Verschränkung zu sprechen? Zugänglich unter https://www.repo.uni-hannover.de/handle/123456789/132.

[16] Bruya, B.: Ziran. The Philosophy of the Spontaneous Self-Causation. SUNY Series-Chinese Philosophy and Culture. New York 2023.

Ein neuer Caesarismus steht als Bedrohung im Raum, wenn charismatische Demagogen ein Ende der Unsicherheit versprechen. Sehr real erscheint mir auch die Gefahr einer manipulativen Betreuungsdiktatur, die ein Heer von glücklich Entmündigten sichert, versorgt und durch Bespaßung ruhigstellt.

Was den westlichen Kulturkreis auszeichnet, ist sicher eine ganz besondere Hochschätzung von Wert und Würde jedes Einzelnen. Das kommt schon früh in der Vorstellung der Gottesebenbildlichkeit des Menschen zum Ausdruck, und in der Lehre von der Erlösung der Menschen durch ein göttliches Opfer. Im Laufe der westlichen Geistesgeschichte wird dieses Motiv immer klarer herausgearbeitet, zum Beispiel in der Formulierung der Menschenrechte, die, fast singulär in der Menschheitsgeschichte, in ihren Anspruch universell und nicht auf die Angehörigen der eigenen Gemeinschaft und Kultur beschränkt sind. „Freiheit" erscheint nun als eine Mitte unserer Kultur, und die herum sich alles ordnen lässt. Die dazu am besten passende Staatsform ist wohl eine echte Demokratie, in der das Volk als eine Gemeinschaft von Freien der wirkliche Souverän ist. Dazu gehört Vertrauen in die nicht delegierbare oder abtretbare Mündigkeit jedes Bürgers. Die Anerkennung solcher Freiheit könnte eine verbindende Kraft sein, die unserer Gemeinschaft hilft, ihre Krise zu überstehen. Freiheit und Würde eines jeden können ihre Bindungskraft besonders dadurch entfalten, dass sie, ähnlich wie der Kategorische Imperativ, ein formales Prinzip sind, das nicht in allen Fällen konkrete inhaltliche Festlegungen für die Einzelnen einschließt. Um es noch einmal in unserer Wortwahl zu sagen: So wird wohltätige Verschränkung erzeugt. Zur undifferenzierten Selbstverachtung unseres Kulturkreises besteht kein Anlass; es gibt genügend Grund zum recht verstandenen Stolz:

Die westlichen Leistungen in Wissenschaft, Technik insbesondere auch in Medizin und Agronomie haben die Mehrheit der Menschen erst in die Lage gesetzt, den Westen großenteils mit seinen eigenen Argumenten herauszufordern. Wissenschaft und Technik des Westens sind aus einer besonderen Haltung philosophischer Nachdenklichkeit entsprungen, aus einem idealistischen, nicht in erster Linie zweckgebundenen Erkenntnis- und Wahrheitsstreben, das mehr und mehr von tappender Suche den Weg zu systematischer Forschung einschlagen konnte. Unser Verständnis des Universums und der Entwicklung der Erde und des Lebens hat sich in unvorstellbarer Weise erweitert.

Eine besondere Frucht der romantischen Bewegung und ein schöner den Westen auszeichnender Zug ist das ernsthafte Streben, andere Kulturen zu verstehen, indem man sich in ihr Denken und in ihre Sprachen vertieft. Die Entzifferung der Keilschrift und der Hieroglyphen haben die Vergangenheit anderer Kulturen zum Sprechen gebracht. Geschichtswissenschaft und Archäologie lassen Vergangenes auferstehen.

Was man erhoffen darf, ist das Fortleben unserer Kultur in Konsens und Freiheit. Eine würdige und im besten Sinne spirituelle[17] Existenz für alle in gesicherten und friedlichen Verhältnissen, deren Zusammenhalt sich auf ein reiches und vielfältiges kulturelles Leben stützt, in dem alle Künste und Wissenschaften sich frei entfalten und in dem ein gutes Bildungswesen die gemeinsame Überlieferung, auch durch die Vermittlung eines literarischen und künstlerischen Kanons, bewahrt.

Wie kann das geschehen? Soviel ist gewiss: Wer untergehen will, der geht unter. Es ist hoffentlich aus unseren Überlegungen klargeworden, dass nicht der Kämpferischste überdauert, nicht einmal der Klügste. Es überdauert der Standhafte, der sich seines Wertes bewusst ist und seinen Werten treu bleibt.

---

[17] Walach, H.: Spiritualität: Warum wir die Aufklärung weiterführen müssen. Klein Jasedow 2011.

Paul Imhof

Jenseits der Zeiten
Im Festkreis der himmlischen Ewigkeit.
Zäsur und Transzendenz

Einige der geistigen Wurzeln Europas gründen in der Antike, die in systemischer Perspektive von der römischen und griechischen Kultur geprägt war. Noch heute dauert die Wirkungsgeschichte an. Die Griechen waren Meister des Dramatischen, die Römer Spezialisten für Ordnungen. Im Sinne des späten Schelling sollte man das eigene Zeitverständnis zumindest vorbegrifflich klären: Vergangenes wird gewusst, Gegenwärtiges erkannt, Zukünftiges geahnt. Oder um dies existentiell und werteorientiert zu formulieren: Sei nachsichtig, so wirst du rücksichtsvoll, sei einsichtig, so wirst du verständnisvoll, sei vorsichtig, so wirst du hoffnungsvoll. Es geht um eine Ankunft im Jetzt, die in sich Herkunft und Zukunft birgt.

Nicht nur die Gewesenheit und die Anwesenheit, sondern die Zukunft in ihrer Abwesenheit ist Thema. Daher werden auch die biblischen Wurzeln europäischer Kultur beachtet. Jesus Christus handelte aus seinem Wesen heraus, d.h. der Anwesenheit und der Abwesenheit, also der Immanenz und Transzendenz Gottes in ihm (vgl. Mt 28,18). So bleibt er präsent bis ans Ende dieses Äons (vgl. Mt 28,20). Welche *Grenzerfahrungen* sind notwendig, um einen Zugang zu dieser Kultur und Geschichte zu erhalten? Zum multikulturellen Erbe Europas gehören Perspektiven der abendländischen Tradition[1]. Nun aber zunächst zu alltäglichen Zeiterfahrungen.

---

[1] Imhof, P.: Grundkurs Ignatianischer Spiritualität. Band I. Gott glauben, S. 309. Band II Christus erleben, S. 319. Band III Geist erfahren, S. 350. St. Ottilien 1992. Imhof, P.: Autobiographische Notizen. Ein Franke in der Welt der römischen Renaissance. Erinnerungen - Erkenntnisse - Erwartungen. Mit Bibliographie. Taufkirchen 2021, S. 208. Dobberahn, F.E., Imhof, J.: Wagnis der Freiheit. Perspektiven geistlicher Theologie. FS für Paul Imhof zum 60. Geburtstag.

Janus herrscht

Im Janustempel der römischen Welthauptstadt waren die Feldzeichen der Legionen aufbewahrt. Noch heute erinnert der Weltfriedenstag am 01. Januar daran. Doch was war das für ein Friedenskonzept! Das doppelköpfige Idol der Zeit, Janus genannt, nach dem der Monat Januar benannt ist, galt als Inbegriff einer bestimmten Zeitvorstellung: Wie es in der Vergangenheit war, so soll es auch in Zukunft sein. Der römische Imperialismus im Namen der Wölfin beherrschte mittels Senat und Volk, mittels der Cäsaren und ihrer Legionen die Welt, um sie in ihrem Sinn mit Gewalt zu ordnen. Die Zukunft wird der Vergangenheit angeglichen! Gegenwart und Ewigkeit sind kein Thema. Was für eine Zeitfalle, in der Janus mit dumpfem Gesicht nach rückwärts und vorwärts bzw. nach rechts und links schaut. Prosit Neujahr! In der Nacht zum 01. Januar wünscht man sich Glück. Wie tückisch ist die Tyche, die Glücksgöttin!

Die Illusion von einem Unterschied zwischen dem alten und dem neuen Jahr zerplatzt mit den letzten bunten Lichtern am Nachthimmel. Die Heuler und Kracher des Feuerwerks sind verstummt. Von einer Heiligen Nacht ist weit und breit keine Spur. Nur Janus lässt grüßen und am Morgen kommt die Müllabfuhr. Höchste Zeit, das Modell von Krieg und Frieden auf der linearen, eindimensionalen Zeitachse zu verabschieden. Denn bei diesem Ordnungsmodell gibt es keinen neuen Anfang. Doch die meisten „Provinzrömer" sind noch nicht so weit! Armes Europa, das unter dem Diktat der Populisten und Autokraten, der Materialisten und der Dämonokraten, der Spiritisten und Mediokraten leidet, die mit ihrer Propagandamaschinerie agieren!

Strukturen der Wirklichkeit. Schriftenreihe der Deutschen Universität in Armenien und der Akademie St. Paul. Taufkirchen 2009, S. 631. Rüttgardt, A., Bajorat, P.M.: Im Wirkfeld des Geistes. Perspektiven christozentrischer Spiritualität. FS für Paul Imhof zum 70. Geburtstag. Strukturen der Wirklichkeit. Taufkirchen 2019, S. 576. Imhof, S., Melzer, U.: Ressourcen des Geistes. Systemische Kommunikation und Spiritualität. Das Erfahrungsbuch. FS für Paul Imhof zum 75. Geburtstag.Taufkirchen 2024.

Terminus regiert

In einem vollen Terminkalender spiegelt sich manchmal etwas von der gesellschaftlichen Wichtigkeit einer Person. Die Zeitfenster sind genau getaktet. Terminus bedeutet ursprünglich so viel wie Grenzstein, Grenze. Welche Falle: Irgendwann bestimmt die eingeteilte Zeit über die Menschen, die sich nach Terminen richten müssen, statt der Kommunikation und der Effizienz der Akteure zu dienen. Wenn das System kippt, werden die Akteure zu Funktionären, die funktionieren müssen. Stress geht nicht, Stress rennt. Die Zeit wird immer mehr zerstückelt, bis es keine freie Zeit mehr gibt. Freizeit ist jedoch etwas anderes als ungenutzte Arbeitszeit. Wenn niemand mehr für andere oder für sich selbst über freie Zeit verfügen kann, beginnt zeitnah der zwischenmenschliche Kollaps. Anstelle einer freien Kommunikationsgemeinschaft breitet sich eine Sklavenhaltergesellschaft aus. Durch das Erzeugen und Erlernenmüssen unendlich vieler Terminologien, die der sogenannte Fortschritt nötig macht, bleibt oft zu wenig Zeit für die Kommunikation von Du zu Du. Nicht mehr der Geist in seiner Freiheit und die Seele mit ihren Gefühlen gestalten die Zeit, sondern die Welt des Körperlichen in ihrer Vergänglichkeit wird dominant. Im Extremfall wird der Terminator zu dem, wonach man sich zu richten hat. Dann ist es höchste Zeit, diese Scheinwelt zu verlassen. Es ist Zeit geworden, dass Terminus relativiert wird. Diese Zeitform ist da und dort schon so erfüllt, dass sie sich als überflüssig erweist.

Die Zäsur in Bethlehem

„In jener Zeit erließ Kaiser Augustus den Befehl, alle Bewohner des Reiches in Steuerlisten einzutragen" (Lk 2,1). In illo tempore beginnt die lateinische Geburtsgeschichte Jesu nach dem Evangelisten Lukas. Es war die Zeit als Kaiser Augustus im Imperium Romanum das Sagen hatte. Joseph musste als Davidide mit Maria den Ort Nazareth verlassen und nach Bethlehem ziehen. Ihr Geburtstermin rückte näher. Wie wird die Zeit des Terminus durch die Geburt Jesu Christi erfüllt? Aus der Ewigkeit wird die Zeitlichkeit neu qualifiziert. Was für ein Datum (lat. dare, dt. geben). Nicht die Datenbanken mit unendlich vielen Daten, die durch künstliche Intelligenz zum Einsatz kommen, sondern das Geschenk Gottes ist der Dreh- und Angelpunkt, um die Welt nach den Maßstäben der Schöpfungs- und Erlösungsordnung zu gestalten. Die virtuelle Welt bedarf der

Integration in diese humanen bzw. göttlichen Ordnungen. Terminus und Janus sind Subsysteme der Zeit (lat. tempus).

Der Friedefürst aus Bethlehem ist das himmlische Friedenprinzip in Fleisch und Blut auf Erden. Und keineswegs ein römischer Imperator oder ein anderer Autokrat. Die römischen, imperialistischen Friedensvorstellungen sind ein für alle Mal überboten. Die Pforten des Janustempels könnten für immer verschlossen bleiben. Doch wer glaubt an das Gnadenwirken Gottes und das Evangelium Jesu Christi?

Die Hektik der Moderne ist zu unterbrechen. Es geht nicht um immer mehr Tempo in der Zeit, sondern um ein Innehalten, sodass die Rückkehr zu einem ewigkeitlichen Ursprung auf Erden glückt: wie im Himmel so auf Erden. Der Friede auf Erden ist das ethische und spirituelle Ziel. Der Mensch kann in seiner Freiheit den irdischen Raum und die geschenkte Zeit gestalten. Die Zukunft existiert in der Gestalt der Hoffnung. Das Wort Hoffnung ist etymologisch mit dem Verbum hüpfen verwandt, d.h. vor Erwartung freudig springen (engl. spring, dt. Frühling). Ein breites Bedeutungsspektrum tut sich auf. Die Hoffnung ist die Weise zukunftsorientiert zu leben. Aus einer guten Spannung heraus wird gesprungen. Wie eine Quelle in der Zeit können wir mitten in der Zeit der Ewigkeit entgegeneilen. „In Deiner Hand sind meine Zeiten; rette mich aus der Hand meiner Feinde und vor meinen Verfolgern" (Ps 31,16), betet der Psalmist.

Chronos frisst auf

Von Chronos, der uralten Zeit, wird im Mythos erzählt, dass er seine Kinder, die Gaia, die Erde also ihm geboren hat, alle aufgefressen haben soll. Nur Zeus ist ihm entkommen, da sich Chronos an einem eingewickelten Stein verschluckte, den er für ein neugeborenes Wesen hielt. Doch auch die Zeit der olympischen Götter erweist sich als chronische Erkrankung. Mit Chronometern kann man geradezu unendlich genau messen, kein Ende ist in Sicht. Doch alle Gestalt vergeht. Mit Chroniken beschreibt man, was vergangen ist. Mit Sichel oder Sense dargestellt weist Chronos darauf hin, dass er damit um seine eigene Potenz gebracht worden ist. Nachdem er entmannt wurde, entstand aus seinem Gekröse die meerschaumgeborene Aphrodite. Doch auch ihre Repräsentantinnen sind vergänglich. Als Sensenmann hat Chronos begrenzte Macht über das Leben von Individuen. Das endliche, nicht das ewige Leben ist sein Metier. Die

Sanduhren in den Händen des Chronos laufen regelmäßig ab. Die antiken Griechen waren Meister einer tragischen Zeiterfahrung.

Kairos kommt und geht

Kairos heißt die günstige Gelegenheit, die man beim Schopf ergreifen sollte. Wer nicht rechtzeitig zugreift, dem bleibt manchmal nichts anderes übrig, als Wassernickels Glatze kratzen. Dargestellt wird Kairos mittels einer Skulptur, die vorne am Kopf einen Zopf hat und die Rückseite ist kahlgeschoren. Wie viele verpasste Gelegenheiten gibt es? Schnäppchenjäger aller Zeiten sind gestresst unterwegs, doch dies ist geradezu harmlos im Vergleich zu den Katastrophen auf der Beziehungsebene. Die griechische Kultur weiß um die tiefe Dramatik der Existenz. Eine Tragödie folgt der anderen, wenn der richtige Zeitpunkt im Leben verpasst wurde. Auch als jugendliche Gestalt figuriert Kairos. Leichtfüßig kommt er daher. In einem kurzen Augenblick steht alles auf Messers Schneide. Denn Kairos hat eine Waage in der Hand, die an einer scharfen Klinge aufgehängt ist.

Die Zäsur in Galiläa

Aufgewacht! Pass auf! Es muss nicht alles nur tragisch enden. In neutestamentlicher Perspektive tritt Jesus in die Lücke des Systems Kairos: *„Nachdem man Johannes ins Gefängnis geworfen hatte, ging Jesus nach Galiläa und verkündete das Evangelium Gottes. Die Zeit (griech kairos) ist erfüllt und das Reich Gottes ist nahe. Bekehrt euch (griech. metanoeite) und glaubt an (griech. en) das Evangelium"* (Mk 1,14-15). Glaube findet im Wirkfeld des Evangeliums statt, müsste man präzise übersetzen. Bekehrung bedeutet phänomenologisch die Umkehr zum Ursprung. Es geht um die Metaebene des Verstandes (griech. nous). Etymologisch damit verwandt sind das deutsche Wort Nase und im Englischen knowledge. Jemand wendet sich mit seiner Nase, dem Spürsinn dem zu, der ihn mit Namen nennt.

Im Festkreis der Ewigkeit

Doch nicht nur Kairos, sondern alle Zeitsysteme haben eine Lücke, die zu erkennen ist. Daher können Zeitsysteme transformiert werden. Was ist das für ein langer geschichtlicher Prozess, bei dem aus der altrömischen

Gesellschaft eine heilige römische Kirche entsteht? Ein Systemwechsel mit Abspaltungen und Differenzierungen der Jahrtausende dauert! Die Festtage der Götter und Heroen werden im Festkreis der Ewigkeit durch Feiertage ersetzt, an denen die Heils- und Offenbarungsgeschichte in Zeit und Raum aktualisiert wird. Die lineare, eindimensionale Zeit wird in die Zeit vor Christi Geburt und nach Christi Geburt eingeteilt. Eine Zäsur, eine Zeitenwende aus der Perspektive der Ewigkeit! Im Oströmischen Reich wird der Dionysoskult, in dem die immer gleiche Tragik des Lebens mit seinen verpassten Gelegenheiten vor Augen geführt wird, durch die orthodoxe Liturgie vom Leben, Sterben und Auferstehen Jesu Christi abgelöst. Eine Wendezeit sondergleichen. Welche polydimensionale Umkehr in Raum und Zeit bietet sich heute an?

Die Zäsur in Galatien

In den Duktus männlicher Terminologie, die Zeit zu de-finieren, d.h. auch zu entgrenzen, gehört das bekannte Zitat des Apostels Paulus an die Galater, das im späteren Brieftext in weiblicher bzw. mütterlicher Sprache die Thematik noch einmal aufgreift (vgl. Gal 4,21-31). Den freiheitsliebenden Stämmen in Kleinasien, den Galatern, schreibt er: *„Als aber die Zeit (griech. chronos) erfüllt war, sandte Gott seinen Sohn, geboren von einer Frau, hörend auf die Thora"* (Gal 4,4). Die Thora des Mose enthält Weisungen zum Leben und zum ewigen Leben. Die Metaebene der Zeiten nennt man Ewigkeit. Mit welcher Erkenntnis beginnt das ewige Leben im endlichen Leben? *„Dies ist das ewige Leben: Dich, den einzigen wahren Gott zu erkennen und Jesus Christus, den du gesandt hast"* (Joh 17,3).

Ein Schlüssel, um die Evangelien und das ewige Evangelium, die Offenbarung an Johannes, zu verstehen, ist der Code, der in dem Titel Maschiach (Christus) und in dem Namen Jeschua (Jesus) steckt. Sie sind spirituelle Ressourcen. Im ursprünglichen Hebräisch werden nur Konsonanten geschrieben, denen ein Laut-, Bild- und Zahlenwert zugeordnet sind. Für den Vokal i gibt es ein Zeichen, das Jota. Wer dieses kleinste Zeichen, den Anfang des Gottesnamens wegnimmt, dem bleibt der Sinn der biblischen Texte weithin verschlossen (vgl. Mt 5,19; Lk 16,17).

Und der Titel Maschiach mit den Konsonanten Mem, Schin, Jota, Chet impliziert: „In der Zeit erwählt und in Gottes Namen schützend." Der

Buchstabe Chet steht für die Acht. Wenn der Messias erscheint, fängt der achte Tag an, nämlich die neue Schöpfung, d.h. unsere Erde unter dem offenen Himmel. So wurde Jesus, wie alle jüdischen Knaben, am achten Tag beschnitten (vgl. Lk 2,21). An einem achten Tag wurde am Berg der Verklärung geoffenbart, wer er ist (vgl. Lk 9,28-35) und an einem achten Tag erschien er in österlicher Gestalt dem Apostel Thomas (vgl. Joh 20,26). Sinnigerweise ist der achte Tag der erste Tag in der neuen Woche, der Sonntag also, der Tag des Herrn.

Der Name Jeschua wird mit Jota, Schin, Waw und Ajin geschrieben, das bedeutet so viel wie „in Gottes Namen erwählt und sehend". Jesus Christus, der Sohn Gottes, wie der Spitzentitel für den Messias lautet (vgl. Ps 2,7), ist die Erscheinungsweise der Zukunft Gottes bei den Menschen, die ermächtigt sind, den Ewigen mit dem Namen ABBA zu ernennen. Denn wie von einem guten Vater ist ihnen Dasein und Freiheit geschenkt. Das Sich-einlassen auf die absolute, schöpferische Freiheit mehrt das eigene Freisein. Der Dank ist die Antwort derer, die dies einsehen. Welche Zäsur im bisherigen Existenzverständnis! An Stelle von apokalyptischen sind eschatologische, christozentrische Perspektiven angesagt.

Eine heilsame Ordnung anhand eines untermenschlichen, tierischen Prinzips herzustellen, ist von vornherein ein verlogenes Erlösungskonzept. Bis in die Buchstäblichkeit und die Zahlensymbolik hinein wird dies entlarvt (vgl. Offb 13,18). Im Duktus der chassidischen Schriftauslegung wird der Zahlenwert sechshundertsechsundsechzig (666) von rechts nach links gelesen: sechzig (hebr. sajin), sechs (hebr. waw) sechshundert (hebr. taw d.h. vierhundert und hebr. resch, d.h. zweihundert). Nimmt man nun anstelle des Zahlenwerts den Buchstabenwert, so entsteht das griechische Wort SOTER (dt. Retter, Erlöser). Denn mit ES beginnt das hebräische Wort sajin, das punktierte waw wird Oh gesprochen und die Zahl sechshundert wird zusammengesetzt aus T und R. Von den vielen Falschpropheten und Pseudomessiasen, die mit ihren heraldischen Krafttieren präsentieren, werden alle gewarnt, die sich an der Offenbarung Jesu Christi an Johannes dem Theologen orientieren (vgl. Offb 13,11-18).

Eschatologische Ethik

Das menschliche Leben ist nicht nur Objekt der Gewaltenteilung, nämlich der Legislative, der Judikative, der Exekutive und der Kommunikative, sondern als subjektive Existenz kommt ihm die Menschenwürde und die Menschenrechte zu, die von allen Mächten und Gewalten zu beachten sind. Daran müssen sich staatliche und religiöse Gewalten messen lassen. Denn Menschen sind Personen, d.h. freie Subjekte in einer humanen, menschheitlichen Gesellschaft vor Gott. Recht und Unrecht sind unterscheidbar.

Zur Freiheit seid ihr durch Christus befreit, schreibt der Apostel Paulus an die Galater (vgl. Gal 5,1). Was heißt das für das Selbstbewusstsein eines Christenmenschen: Ich selbst (Nominativ) bin aus mir selbst (Genitiv) zu mir selbst (Dativ) in einem Selbstverhältnis (Akkusativ) und lebe in Kommunikation mit anderen (Vokativ) dort und dann (Ablativ) im Kosmos und im Geist. Die paulinische Formel für das erlöste Dasein im Himmel und auf Erden, in Zeit und Ewigkeit lautet: in Christo.

Die sieben kleinasiatischen Gemeinden sind die Erstadressaten einer eschatologischen Ethik in apokalyptischen Zeiten. Repräsentanten von Institutionen und Gewalten agieren nicht nur gerecht, sondern auch ungerecht, d.h. sie schützen die Menschenwürde nicht und missachten die Menschenrechte. Jesus Christus offenbart sich in Gottes Namen (vgl. Offb 1,1) und macht deutlich, was Zukunft hat und was dem Untergang zu weihen ist. Acht Seligpreisungen in der Offenbarung an Johannes bringen eschatologische Grundaxiome auf den Punkt.

1. „Glückselig, wer die prophetischen Worte der Deutung vorliest (Offb 1,3) und

2. Glückselig die, welche sie hören und bewahren, was in ihnen geschrieben ist, denn der entscheidende Augenblick ist ganz nahe" (Offb 1,3).

3. „Glückselig sind die Toten, die in Gott sterben, von jetzt an. Ja, spricht der Geist, sie sollen ausruhen von ihren Mühsalen, denn ihre Taten folgen ihnen nach" (Offb 14,13).

4. „Glückselig, wer wacht und seine Kleider (griech. himatia) festhält (griech. teron), damit er nicht nackt herumläuft und man seine Scham sehe" (Offb 16,15).

5. „Glückselig sind, die zum Hochzeitsmahl des Lammes berufen worden sind. Diese Worte sind wahrhaftige Gottesworte" (Offb 19,9).

6. „Glückselig und heilig, wer teilhat an der ersten Auferstehung. Über diese hat der zweite Tod keine Macht, sondern sie werden Priester Gottes und des Christus sein, und sie werden mit ihm tausend Jahre regieren" (Offb 20,6).

7. „Glückselig ist, wer die Worte der Weissagung dieses Buches festhält (teron)" (Offb 22,7).

8. „Glückselig, die ihre Gewänder (griech. stolas) waschen, damit sie Anteil haben am Baum des Lebens und durch die Tore in die Stadt hineingehen" (Offb 22,14).

Die Glückseligkeit (griech. eudaimonia), ein gutes Gewissen also, ist seit altersher das Ziel jeder Ethik. In dieser Perspektive sind die eschatologischen Seligpreisungen zu positionieren, deren Horizont nicht nur die Binnentranszendenz, sondern die göttliche Transzendenz ist. Schon der Evangelist Matthäus formulierte diese Weise ganzheitlich und zielführig zu leben: „Seid vollkommen (griech. teleioi), wie euer Vater, der Himmlische, vollkommen ist" (Mt 5,48).[2]

Die christozentrische Perspektive

Durch Gleichnisse und das Beispiel seines Lebens machte Jesus Christus die Menschen gotteskundig, d.h. vermittelte Theo-logie. Seine spirituellen Experimente in der Wüste zeigen, dass es darum geht, die Geister zu unterscheiden. Alle Dynamiken werden auf ihr Woher und Wohin befragt (vgl. Mt 4,1-11; Lk 4,1-13). Gott ist heilender, heiliger Geist (vgl. Joh 4,24). Das Evangelium im Evangelium, das Gleichnis vom Vater mit seinen zwei Söhnen zeigt die Dramatik der Existenz (vgl. Lk 15,11-24). Das

---

[2] Imhof,P., Imhof, S.: Das ewige Evangelium. Die Offenbarung an Johannes. Das Lebensbuch Bd I. Taufkirchen 2023, S.33. Bd. II Das Buch mit sieben Siegeln. S. 49. Bd. III Die neue Erde und der neue Himmel. S. 58.

Erbe einzufordern impliziert, dass der Vater für tot erklärt wird. Eine Tragödie nimmt ihren Lauf. Der jüngere Sohn erlebt sich als heillos. In großer Gelassenheit wird dem älteren Sohn zugesagt, dass er sich alles nehmen kann, was er für sein Fest nötig hat. So handelt Gott in seiner Väterlichkeit. Leitet man das griechische Wort für Gott (griech. theos) von dem Verbum theomai ab, dann wird damit zum Ausdruck gebracht, dass die schöpferische, nicht vergleichende Liebe entgegenläuft (vgl. Lk 15,20). Welche Gottesrede! In der Gnadenlehre spricht man von der gratia praeveniens. Sie kommt von vornherein aus der Wirklichkeit Gottes den Menschen entgegen. Wer sich von ihr ergreifen lässt, hat den springenden Punkt dieses Gleichnisses verstanden. Jedes Gleichnis hat einen springenden Punkt[3].

Im System Jesu Christi

Systemisch gesehen gründet Jesus Christus eine alternative Gesellschaft, die prinzipiell für alle Menschen offen ist. Um den Mann aus Nazareth zentriert sich ein Innenkreis, darum existiert ein Außenkreis. Beim genetischen Außenkreis und der Wahlverwandtschaft Jesu Christi handelt es sich um unterscheidbare Systeme. *„Da kamen seine Mutter und seine Brüder; sie blieben draußen stehen und ließen ihn hinausrufen. Es saßen viele Leute um ihn herum und man sagte zu ihm: Siehe, deine Mutter und deine Brüder stehen draußen und suchen dich. Er erwiderte: Wer ist meine Mutter und wer sind meine Brüder? Und er blickte auf die Menschen, die im Kreis um ihn herumsaßen, und sagte: Das hier sind meine Mutter und meine Brüder. Wer den Willen Gottes tut, der ist für mich Bruder und Schwester und Mutter"* (Mk 3,31-35; vgl. Mt 12,46-50; Lk 8,9-21).

Die Lücke im christozentrischen System besteht in der Offenheit auf Gott, der nicht Teil einer vaterlosen Gesellschaft ist, sondern der ursprungslose Ursprung, der ein geschwisterliches Miteinander immer neu ermöglicht. Als Garant des offenen Kommunikationssystems bleibt Gott transzendent und wirkt immanent. Christen leben in der Polarität vom ungeschaffenen Vater im Himmel und Mutter Erde, die Schöpfung. Die Zeitigung der

---

[3] Imhof, P.: Systemische Kommunikation. Das Lehrbuch 2. Auflage. Taufkirchen 2024, S. 12.
Miteinander glücklich sein. Ein Film von P. Imhof, 37 Min. Imhof.uni@googlemail.com.

Beziehung zu Gott nennt man Beten. Das Zeichen der Initiation in den Innenkreis ist die Taufe. Die Menschen, die sich um Jesus Christus versammeln, feiern miteinander regelmäßig im Festkreis des Kirchenjahres. Sundays for future?

Im Unterschied zum genetischen System hat nicht der Tod das letzte Wort, sondern aufgrund der Auferstehung Jesu Christi ist das ewige Leben der Horizont eines Menschen mit Christusbewusstsein. Ob der Wille Gottes (vgl. Mk 3,35) oder der Wille des Vaters im Himmel (vgl. Mk 12,50) oder das Wort Gottes (vgl. Lk 8,21), immer geht es um die *Entgrenzung eines egozentrierten Menschen* im genetischen System. Die Zäsur ergibt sich durch den Wechsel in das christozentrische System, in dem in aller Freiheit ein Wir von Du zu Du im Verhältnis zum DU Gottes existiert. Selbstverständlich existiert auch ein anonymes Christentum, um Karl Rahner zu zitieren, der zeitlebens seine europäische Verwurzelung wertgeschätzt hat.[4]

Nimmt man die unsichtbare Anwesenheit des eschatologischen Christus ernst, dann ergeben sich daraus mehrere Perspektiven. In der Übersetzung spricht man vom end-zeitlichen Christus. Die üblichen Zeitvorstellungen sind an ihr Ende gelangt. Die alten Zeiten sind prinzipiell vorbei, auch wenn sie initiatisch regelmäßig wiederkehren. Doch End-zeit ist angesagt. So fällt Licht auf die Kreuzung der Wege, die sich in der Welt des linearen, zeitlichen Fortschritts anbieten! Welche Erkenntnisperspektive! Sub specie aeternitatis, unter dem Schein der Ewigkeit, pflegte man früher zu sagen. Eine andere Wirklichkeit berührt die Realität.

Was heißt Endzeit für das Verständnis der Gegenwart, der Jetztzeit? In ihr fängt die Ewigkeit an, d.h. nicht nur am Ende der linearen Zeitvorstellung beginnt die zeitlose Dimension, sondern es wird offensichtlich, was war, was ist und was sein wird. Durch den eschatologischen Christus wird die Ewigkeit zugänglich, die von der Gegenwart des göttlichen Geistes erfüllt ist. Wie zeitlos ist die Erfahrung des Geistes am Ende aller Zeiten. Denn die Tore zu der ewigkeitlichen, göttlichen Freiheit sind eröffnet. Ein

---

[4] Imhof, P.: Christliches Familienstellen. Das Praxishandbuch. Münsterschwarzach 2023, S. 47-50. Imhof, S., Imhof, P.: Christozentrisches Aufstellen. Perspektiven der Freiheit. Das Methodenbuch. Taufkirchen 2020.

Blick, in die himmlische, geistige Welt, ist daher prinzipiell möglich. Johannes, der Theologe, gibt davon Kunde.

Hermes Andreas Kick

Ausklang und darüber hinaus

Gleich werden wir die Gläser erheben zum traditionellen „Brindisi" der den Abschiedsgruß bei der Ausfahrt im Hafen von Brindisi verbindet mit der Hoffnung auf Rückkehr, Wiedersehen mit neuen Erfahrungen und neuen Ideen. Wir werden uns Glück wünschen und unsere Hoffnungen aussprechen für das kommende Jahr, weil wir uns bewusst sind, wie sehr wir angewiesen sind auf Glück und Segen. Die Beiträge, die wir gehört haben, werden uns das Jahr hindurch begleiten können. Allen Vortragenden, Diskutanten und Teilnehmern und unserer überragenden, hochgeschätzten Akkordeonistin Mirjana Petercol und Violeta Dinescu, der Komponistin für Ihr Werk „Gehäuse – Grenzsituation", das am heutigen Abend zur festlichen Uraufführung gelangt ist, gilt von ganzem Herzen unser Dank. Der künstlerische Leitfaden hat uns immer wieder herausgeführt aus dem labyrinthischen Seinsgefüge, das uns verwirren und bedrängen will. Die Texte von Karl Jaspers haben uns gezeigt, wie wir trotz den Mächten, die uns verstören und einengen, Orientierung behalten können. Das Heraustreten aus dem Gehäuse, wie es Karl Jaspers fasst, bedeutet eine Zäsur, die stets kritisch ist, aber auch wichtige Entwicklungschancen impliziert und dem Leben dient: Im Lichte der Existenzerhellung zeigt sich eben das Umgreifende in der Begegnung zwischen Selbst und Welt, Ich und Du, kurzum in der Zusammenschau bedrängender Dualitäten.

Zäsuren sind schmerzliche Unterbrechungen von allzu selbstverständlich genommenen Kontinuitäten. Zäsuren sind in dem Entwurf von Karl Jaspers Ausdruck eines Aufbrechens des Gehäuses, eines Heraustretens aus der Stagnation und eines Hereintretens in den Raum des Risikos der Grenzsituation. Wie die Beiträge dieses Abends gezeigt haben, kommt es jetzt darauf an, die Gegebenheiten im Lichte der conditio humana neu zu ordnen. Dann können wir persönlich und gesellschaftlich zu einer Wendung und Wandlung und hin zu einer heilsamen Wendezeit gelangen.

Zäsuren als Diskontinuitäten im Kontinuum der Funktionalitäten stören, werfen Frage auf, wie es weiter gehen soll. Hier hat Zweifel und Unsicherheit ihren lebensdienlichen Ort. Dies gilt für die Persönlichkeitsentwicklung wie für die Entwicklung rigide gewordener institutioneller und gesellschaftlicher Strukturen. Zäsuren trennen das Vorher vom Nachher, trennen Bereiche, die so nicht mehr zusammen gehen. Zäsuren können im persönlichen und gesellschaftlichen Prozessverlauf insofern zur Spaltung führen. Zäsuren können aber auch einen Sinneswandel einleiten, ein Heilungsgeschehen, als Metanoia, ein Umdenken in Gang setzen.

Zäsuren sind ganzheitliche Konstellationen, in denen die geschichtlichen Entwicklungen, die wir nicht bestimmen können, gleichwohl zum Aufruf werden unser Erkennen, Entscheiden und Handeln dem Unverfügbaren entgegenzusetzen. Unsere Beiträge haben in vielfältiger Weise Grenzen und zunächst unlösbar erscheinende Problemlagen gezeigt in Schicksalsschlägen, politischen Konstellationen, wissenschaftlichen Sackgassen und Naturkatastrophen. Wir sind auch gewarnt worden vor Utopien, vor einer Wissenschaft als Ersatzreligion, die uns nachgeht, und vor einer verengten, dogmatischen, selbst ideologischen „Aufklärung" bis in unsere Tage. Alles hätte auch anders kommen können, gewiss! Aber damit zeigt sich ja eben auch das dünne Eis, auf dem wir uns bewegen. Zäsuren sollen überleiten in Wendezeiten hin zum Guten, als lebensdienlichem, persönlichem und gesellschaftlichem Entwicklungsgeschehen. Zäsuren zeigen an, dass es so nicht weitergehen kann, dass das System in seiner Eigenregulation, überfordert ist. Zäsuren sind Momente der Wahrheit insofern, als sie Verborgenes radikal *entbergen*, aber nicht nur das! Sie sind auch Aufruf zur *Bergung* des Neuen. Damit aber könnte gemeint sein jene Zeit danach als *Wendezeit,* die bereits unter einem „neuen Zeichen" steht, unter einem neuen Stern sich orientiert, der mehr ist als ein Zeichen, sondern als Sein selbst auf das Sein weist.

Die Autoren

Prof. Violeta Dinescu
Lehrstuhl für angewandte Komposition, Universität Oldenburg

Prof. Dr. theol. Ulrich Duchrow
Professor für systematische Theologie, Universität Heidelberg

Prof. Dr. rer. nat. Ernst Peter Fischer
Professor für Wissenschaftsgeschichte, Universität Konstanz, Heidelberg

Dr. phil. Rudolf Kamp
Autor und Publizist, Mosbach

Prof. Dr. med. Hermes Andreas Kick
Universität Heidelberg, Institut für medizinische Ethik, Grundlagen und Methoden der Psychotherapie und Gesundheitskultur (IEPG) Mannheim

Prof. Dr. jur. Bernhard Kretschmer
Lehrstuhl für Strafrecht und Strafprozessrecht, Universität Gießen

Prof. Dr. phil. Dr. theol. Paul Imhof
Präsident der Akademie St. Paul, Hildesheim

Dr. phil. Elke Lang-Becker
Musikwissenschaftliches Institut, Universität Heidelberg

Dr. phil. Dr. rer. nat. Walter von Lucadou
Institut für Grenzgebiete der Psychologie und Psychohygiene, Freiburg, Institut für medizinische Ethik, Grundlagen und Methoden der Psychotherapie und Gesundheitskultur (IEPG) Mannheim

Mirjana Petercol
Solistin, Akkordeon, Musikakademie Kassel, Wiesbaden

Prof. Dr. rer. nat. Hartmann Römer
Em. Ordinarius für theoretische Physik, Universität Freiburg, Düsseldorf

Martin Weyers
Bildender Künstler, Atelier Ludwigshafen. Symbolon, Gesellschaft für Wissenschaftliche Symbolforschung e.V.